Dr. Norbert Herbig

# Lean Dictionary

Ein Nachschlagewerk zu Begriffen
aus den Bereichen

**Lean Management
Lean Production
Lean Administration
und
Problemlösungsmethoden**

Bibliografische Information der Deutschen Nationalbibliothek:

Die Deutsche Nationalbibliothek verzeichnet diese Publikation in der Deutschen Nationalbibliografie; detaillierte bibliografische Daten sind im Internet über http://dnb.dnb.de abrufbar.

© 2015 Dr. Norbert Herbig

Illustration: Dr. Norbert Herbig

Herstellung und Verlag:
BoD – Books on Demand, Norderstedt

Kleingedrucktes:
Alle Rechte, insbesondere das Recht der Vervielfältigung und Verbreitung sowie der Übersetzung vorbehalten. Kein Teil des Werkes darf in irgend einer Form (durch Fotokopie, Mikrofilm oder ein anderes Verfahren) ohne schriftliche Genehmigung des Verlages reproduziert oder unter Verwendung elektronischer Systeme verarbeitet oder verbreitet werden.

Alle in dieser Veröffentlichung enthaltenen Angaben, Ergebnisse usw. wurden vom Autor nach bestem Wissen erstellt und von unbeteiligten Fachleuten mit größtmöglicher Sorgfalt überprüft. Gleichwohl sind inhaltliche Fehler nicht vollständig auszuschließen. Daher erfolgen alle Angaben ohne jegliche Verpflichtung oder Garantie des Verlages oder des Autors. Sie garantieren oder haften nicht für etwaige inhaltliche Unrichtigkeiten (Produkthaftungsausschluss).

**Printed in Germany**

ISBN: 978-3-734-79959-4

# Inhaltsverzeichnis

Zeichenerklärung .................................................10
A.............................................................................11
   Andon ..................................................................11
   Autonomation ....................................................11
   Autonome Instandhaltung .............................12
   A3-Story Board ................................................12
B.............................................................................14
   Breakdown Maintenance................................14
C ............................................................................15
   Cardboard Engineering ..................................15
   Chaku-Chaku-Prinzip .....................................15
   CIP .......................................................................16
   Continuous Improvement Process ..............16
   Corrective Maintenance ................................16
   Current state map...........................................17
D ............................................................................18
   Dandori...............................................................18
   Deming-Kreis....................................................18
   Design of experiments...................................18
   DoE .....................................................................18
   Durchlaufzeit ....................................................19
E.............................................................................20
   EPEI ....................................................................20
   Every Part Every Interval..............................20
   Externe Rüstoperationen..............................21
F.............................................................................22
   Fault Tree Analysis.........................................22
   Fehlerbaumanalyse.........................................22
   FIFO .....................................................................22

First In First Out ............................................. 22
Fischgrätendiagramm .................................... 23
Fishbone Diagram .......................................... 23
FTA ................................................................. 23
Funktionenanalyse ......................................... 24
Future State Map ........................................... 25
G ........................................................................ 26
   GEFF ............................................................. 26
   Gemba ........................................................... 26
   Genbutsu ....................................................... 26
   Genchi Genbutsu ........................................... 26
   Gesamtanlageneffizienz ................................. 26
H ........................................................................ 27
   Hancho .......................................................... 27
   Hanedashi ..................................................... 27
   Heijunka ........................................................ 27
   Heikinka ........................................................ 28
   Hoshin Kanri .................................................. 28
I ......................................................................... 30
   IED ................................................................ 30
   Interne Rüstoperationen ................................ 30
   Ishikawa Diagramm ....................................... 30
J ........................................................................ 32
   Jidoka ............................................................ 32
   JiS ................................................................. 32
   Jishuken-Workshop ....................................... 32
   JiT ................................................................. 33
   Just-in-Sequence .......................................... 33
   Just-in-Time .................................................. 34
K ........................................................................ 35
   Kaikaku .......................................................... 35
   Kaizen ........................................................... 35
   Kanban .......................................................... 36
   Kata ............................................................... 36

Kobetsu Kaizen .............................................37
Kontinuierlicher Fluss ...................................37
Kontinuierliche Verbesserung .......................38
KPI................................................................38
Kundentakt ..................................................38
KVP ..............................................................38
L ...................................................................39
Last In First Out............................................39
LCA ..............................................................39
Lean Administration......................................39
Lean Development .......................................40
Lean Innovation............................................41
Lean Logistics ..............................................41
Lean Management .......................................42
Lean Manufacturing......................................42
Lean Production ...........................................43
Leistungsfaktor.............................................43
LIFO .............................................................44
Low Cost Automation ...................................44
M ..................................................................45
Makigami-Methode.......................................45
Milk Run .......................................................46
Minomi..........................................................47
Mizusumashi ................................................47
Mock-Up .......................................................48
Monozukuri...................................................48
MTBF (Mean time between failures) .............49
MTTF (Mean time to failure)..........................49
MTTR (Mean time to repair) ..........................50
Muda ............................................................50
Multi-Moment-Aufnahme ..............................50
Mura .............................................................51
Muri ..............................................................51

N ........................................................................ 52
   Nivellierte Produktion ................................. 52
   N5W .............................................................. 52
O ........................................................................ 53
   OED ................................................................ 53
   OEE ................................................................ 53
   One-Piece-Flow ............................................. 55
   One Point Lesson .......................................... 57
   One Touch Exchange of Die ........................ 57
   Operation Balance ......................................... 58
   OPF ................................................................. 60
   OPL ................................................................. 60
   OTED ............................................................... 60
   Overall Equipment Effectiveness .................. 61
P ........................................................................ 62
   Pareto Prinzip ................................................. 62
   PDCA-Zyklus .................................................. 63
   Poka-Yoke ....................................................... 64
   ppm (parts per million) ................................... 65
   Präventive Instandhaltung ............................. 66
   Preventive Maintenance ................................ 66
   Produktivität .................................................... 66
   Problemlösungsblatt ...................................... 67
   Problemlösungstechniken ............................. 67
   Process Mapping (Swimlane Diagram) ........ 68
   Pull .................................................................. 70
   Push ................................................................ 70
Q ........................................................................ 71
   QRQC ............................................................. 71
   Qualitätsfaktor ................................................ 71
R ........................................................................ 73
   Red Tag .......................................................... 73
   Root Cause Analysis ..................................... 73
   Rote Karte ...................................................... 73

| | |
|---|---|
| Rüsten | 73 |
| Rüstzeit | 74 |
| Rüstzeit-Optimierung | 74 |
| **S** | **75** |
| Sankey Diagramm | 75 |
| SDCA-Zyklus | 75 |
| Seiketsu | 77 |
| Seiri | 77 |
| Seiso | 77 |
| Seiton | 77 |
| Shadowboard | 78 |
| Shitsuke | 79 |
| Shopfloor Management | 79 |
| Single Minute of Exchange Die | 80 |
| SIPOC | 80 |
| Six Sigma | 81 |
| SMED | 82 |
| Spaghetti-Diagramm | 84 |
| SPC | 84 |
| SPEED | 84 |
| Standardisierung | 85 |
| Statistical Process Control | 85 |
| Statistische Prozessregelung | 85 |
| Supermarkt | 85 |
| Swimlane diagram | 86 |
| Symbole für Wertstromdiagramme | 86 |
| **T** | **90** |
| Taguchi Methode | 90 |
| Taktzeit | 90 |
| Total Productive Maintenance | 90 |
| Total Quality Management | 91 |
| Toyota Production System | 91 |
| TPM | 91 |

- TPS ... 92
- TQM ... 92
- Turtle Diagram ... 93
- U ... 95
  - U-Layout ... 95
  - U-Linie ... 95
  - U-Shape ... 95
- V ... 96
  - Value Stream Design ... 96
  - Value Stream Mapping ... 96
  - Value Stream Analysis ... 96
  - Verfügbarkeitsfaktor ... 96
  - Verschwendung ... 96
  - Verschwendungsarten ... 97
  - Vorbeugende Instandhaltung ... 97
- W ... 98
  - Wertschöpfung ... 98
  - Wertstromanalyse ... 98
  - Wertstromdesign ... 100
  - WIP ... 101
  - Work in Process ... 101
- Y ... 102
  - Yamazumi Chart ... 102
  - Yokoten ... 102
- Z ... 104
  - ZDF ... 104
  - Zykluszeit ... 104
- 5 ... 105
  - 5M ... 105
  - 5S/5A ... 105
  - 5W ... 106
  - 5W1H ... 107
- 6 ... 109
  - 6S ... 109

| | |
|---|---|
| 6σ | 109 |
| 7 | 110 |
|   7 Verschwendungsarten | 110 |
| 8 | 111 |
|   8 Verschwendungsarten | 111 |
|   8D | 111 |
|   80/20-Regel | 112 |
| Anhang | 113 |
| Abbildungsverzeichnis | 113 |
| Der Autor | 115 |

## Zeichenerklärung

 Der Pfeil weist auf einen Begriff hin, der ebenfalls erläutert wird oder

der Pfeil weist auf den Begriff hin, der läutert wird, da es sich um ein Synonym handelt.

# A

## Andon

Der japanische Begriff „Andon" steht für ein einfaches visuelles Signal, das auf den Zustand einer Maschine, einer Anlage oder eines Prozesses aufmerksam machen soll.

Andon Board
Beim Andon-Board handelt es sich um eine visuelle Kontroll-Einrichtung in einem Produktionsbereich. Es ist meist ein beleuchtetes und für alle Mitarbeiter gut sichtbar an der Decke befestigtes Display, das über den aktuellen Status der laufenden Produktion und Fertigungslinien Auskunft gibt.

Andon Cord
Das Andon-Cord (Reißleine) ist eine Leine oder auch ein Knopf. Entsteht ein Fehler in der Fertigung oder wird ein Fehler durch einen Mitarbeiter entdeckt, können Mitarbeiter ein Signal auslösen und so Hilfe für die Behebung des Fehlers anfordern. Eine Andon Status Anzeige (meist eine Grün-Gelb-Rot-Leuchte) dient dazu, den Ort des Problems schnell zu finden. Die Anzeige sollte daher für alle gut sichtbar – meistens oben an einer Anlage oder Maschine – angebracht sein.

## Autonomation

⇨ Jidoka

# A

## Autonome Instandhaltung

Unter „Autonomer Instandhaltung" von Maschinen und Anlagen versteht man die teilweise oder vollständige Instandhaltung, je nach Qualifizierungsniveau, durch den Maschinen- oder Anlagenbedienern. Nur in Sonderfällen wird spezielles Instandhaltungspersonal hinzugerufen.

Die „Autonome Instandhaltung" der Maschinen und Anlagen unterstützt die folgenden Gesichtspunkte:

+ Frühzeitige Fehlererkennung
+ Erhöhung der Anlagenverfügbarkeit (OEE)
+ Vermeidung von Qualitätsdefekten
+ Reduzierung ungeplanter Stillstände
+ Realisierung der „Just in Time" Philosophie

## A3-Story Board

Das A3-Story Board oder auch Problemlösungsblatt wird dazu verwendet, um kurz und prägnant ein Problem und dessen Lösungsweg aufzustellen. Es folgt im Grunde nach dem ⇨ PDCA-Zyklus (Plan-Do-Check-Act-Zyklus).
Das A3-Story Board teilt sich in die folgenden Abschnitte auf:

1. **Thema / Projekt / Problem**
   Was wollen wir machen? Welchen Zustand wollen wir ändern?

2. **Hintergrund / Rahmenbedingungen**
   Welche Zusammenhänge sind erforderlich, um das Problem vollständig zu verstehen? Bedeutug des Problems, Umstände, Rahmenbedingungen

3. **Ausgangssituation**
   Aktueller Prozess, Auswirkungen des Problems, Was ist am System / Prozess nicht optimal? An welche anderen Auswirkungen muss noch gedacht werden?

4. **Ursachenanalyse**
   ⇨ 5W (5-Why)
   ⇨ 5W1H
   ⇨ Ishikawa Diagramm
   etc.

5. **Problemlösung (Zieldefinition)**
   Prozessdarstellung mit quantifizierbaren Messgrößen

6. **Umsetzungsplan**
   WAS?  WER?  WANN?  WO?
   - LOP – Liste offener Punkte
   - Action Plan (Aktionsplan)
   - Maßnahmenplan

7. **Maßnahmenverfolgung**
   Wer überprüft was?
   Wann wird geprüft?
   Messbare Ergebnisse im Vergleich zum Ausgangszustand!

# B

## Breakdown Maintenance

Der englische Begriff „breakdown maintenance" beschreibt die störungsbedingte Instandhaltung von Maschinen und Anlagen. Die Instandhaltung wird durchgeführt, wenn die Maschine störungsbedingt zum Stehen kommt (Anlagen instandsetzen, wenn sie ausfallen!).

Nachteile:

- Versorgungssicherheit ist gefährdet
- Passiert zum schlechtesten denkbaren Zeitpunkt
- Kann zu katastrophalen Schäden führen
- gravierende Störungen der Produktion
- Wartezeiten bzgl. Ersatzteile und Spezialisten

# C

## Cardboard Engineering

Der englische Begriff „Cardboard Engineering" steht im Bereich ⇨ Lean Production für eine Methode zur ganzheitlichen, realitätsnahen Gestaltung optimaler, verschwendungsfreier Arbeitsplätze und Systeme. In standardisierten Workshops wird mit Hilfe von Kartonagen und anderen Hilfsmitteln der Arbeitsplatz zu Testzwecken nachgebildet. Ziel ist es, den Arbeitsplatz oder das Arbeitssystem mitarbeitergerecht und für verschwendungsfreie Abläufe zu planen und umzusetzen, indem die Mitarbeiter in den Prozess aktiv eingebunden werden und vor Realisierung alle Betriebsmittel und Abläufe spielerisch ausprobieren können. Durch Testläufe werden relevante Planungszahlen wie Taktzeit, Zykluszeit, Rüstzeit, etc. ermittelt und bei der Gestaltung geeigneter Betriebsmittel und deren Platzierung berücksichtig. Hat sich die Anordnung der Betriebsmittel sowie die Gestaltung des Systems bewährt, wird der Arbeitsplatz nach Einverständnis der Mitarbeiter umgesetzt.

## Chaku-Chaku-Prinzip

Der japanische Begriff Chaku-Chaku steht für eine Variante der Fließ- und Reihenproduktion, bei der Mitarbeiter ihre Werkstücke nach einer definierten Reihenfolge mit den vorgesehenen Werkzeugen und Vorrichtungen bearbeiten (Objektprinzip). Im Sinne der Vermeidung/Reduzierung der Verschwendung müssen Wegstrecken möglichst kurz gehalten werden, da der Mitarbeiter den Transport des Werkstücks von Arbeitsstation zu Arbeitsstation übernimmt. Durch diese Forderung ist die U-förmige Anordnung von Maschinen (U-Zelle) entstanden. Mehrere Möglichkeiten der Nutzung einer U-Zelle sind denkbar:

1. Nutzung von einem oder mehreren Mitarbeitern, wobei alle Mitarbeiter alle Arbeitsschritte mit dem

# C

Werkstück in der vorgesehenen Reihenfolge ausführen (niedrigste Ausbringung der U-Zelle).

2. Mehrere Mitarbeiter, die sich die U-Zelle aufteilen.

3. Mehrere Mitarbeiter arbeiten in der U-Zelle und jeder Mitarbeiter ist für einen Arbeitsschritt verantwortlich (höchste Ausbringung der U-Zelle).

Durch die Art und Weise der Nutzung der U-Zellen lässt sich die Ausbringung sehr einfach anpassen und am Kundenbedarf (⇨ Kundentakt) ausrichten.
Ziel ist die Flexibilisierung der Produktionseinheit bei gleichbleibender Mitarbeiterproduktivität. Chaku-Chaku stellt eine sehr technische Ausprägung des ⇨ One-Piece-Flows dar und wird zur Erhöhung der Prozesszuverlässigkeit oft mit ⇨ Poka-Yoke-Maßnahmen zusätzlich abgesichert.

## CIP

Die Abkürzung CIP steht für den englischen Begriff „Continuous Improvement Process" bzw. für den deutschen Begriff „kontinuierlicher Verbesserungsprozess" (⇨ Kaizen)

## Continuous Improvement Process

Der englische Begriff „Continuous Improvement Process" steht für kontinuierlichen Verbesserungsprozess (KVP).

⇨ Kaizen

## Corrective Maintenance

Der englische Begriff „corrective maintenance" beschreibt die verbessernde Instandhaltung.
Die verbessernde Instandhaltung nutzt konkrete Anzeigen der Maschinen und Anlagen (Messwerten oder –daten), an

Hand derer ein Ausfall der Einrichtungen vorhergesehen werden kann.

Corrective maintenance erfordert Fehlerarten, die schrittweise den Verschleiß erkennen lassen (z.B. Kraftanstieg durch Verschleiß).

Nachteile:
- + Erfordert gute Maschinenkenntnisse und Datensammlungen
- + Erfordert Datenanalyse
- + Erfordert hohen Anteil an Disziplin seitens des Managements

## Current state map

⇨ Wertstromanalyse

# D

## D

### Dandori

Unter dem japanischen Begriff „Dandori" wird die strikte Trennung von wertschöpfenden und nicht-wertschöpfenden Tätigkeiten verstanden.
Es geht vor allem um die Trennung von Produktions- und Logistik Tätigkeiten innerhalb eines Arbeitssystems. Die Aufgabentrennung ermöglicht einen höheren Standardisierungsgrad im Produktionsablauf, da alle nicht standardisierten Vorgänge (eben der Materialfluss) separiert werden. Hierdurch wird eine Produktivitätssteigerung ermöglicht, da sich der Produktionsmitarbeiter auf seine eigentliche Tätigkeit konzentrieren kann.

### Deming-Kreis

⇨ PDCA-Zyklus

### Design of experiments

⇨ DoE

### DoE

Die Abkürzung DoE steht für den englischen Begriff „Design of Experiments" und bedeutet die Anwendung der statistischen Versuchsplanung in der Produktentwicklung sowie in der Prozessoptimierung.
Eine Vielzahl an Einflussgrößen auf ein Produkt oder einen Prozess führen zu sehr umfangreichen (unendlichen) Versuchsreihen, sofern man während des Entwicklungsprozesses alle Parameterkombinationen erproben möchte. Es stellt sich daher die Frage, wie der Aufwand hinsichtlich Zeit, Kosten und Material minimiert werden kann. Durch den

Einsatz von DoE kann mit einem kleinen Versuchsumfang der Zusammenhang bzgl. Wirkung zwischen Einflussfaktoren (= unabhängige Variablen) und Zielgrößen (=abhängige Variablen) ermittelt werden.

## Durchlaufzeit

Die Durchlaufzeit beschreibt die Zeitspanne, die benötigt wird, um Rohmaterial, Halbfertigwaren und/oder Kaufteile in der Fertigung oder Montage von einem Ausgangszustand in einen definierten Endzustand zu überführen – oder die Zeit von der Auftragsannahme bis zur Auslieferung an den Kunden. Die Durchlaufzeit eines Auftrages ist definiert als die Summe der Bearbeitungs-, Transport-, Kontroll- und Wartezeiten auf allen Wertschöpfungsstufen.

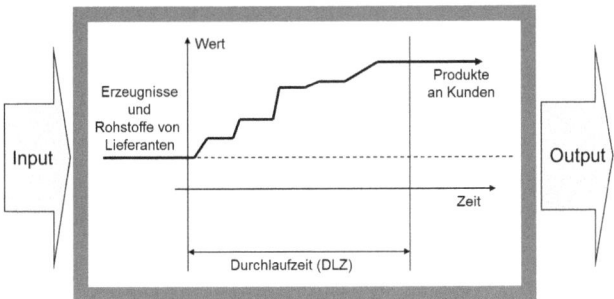

**Abbildung 1: Durchlaufzeit**

# E

## E

### EPEI

⇨ Every Part Every Interval

### Every Part Every Interval

Der englische Begriff „Every Part Every Interval" bezeichnet die Zeitdauer eines/r sich wiederholenden Produktionsmusters oder –reihenfolge und steht somit für Flexibilität einer Produktionseinheit. Die für ein bestimmtes Produktionsprogramm zur Verfügung stehende Rüstzeit wird mit der tatsächlich benötigten Rüstzeit verglichen.

Hierzu das folgende Beispiel:
In einer Produktionseinheit werden 5 Produkte mit dem folgenden Kundenbedarf, Zykluszeiten, Auftragszeiten (= Kundenbedarf x Zykluszeit) und Rüstzeiten bearbeitet:

| Produkt | Kundenbedarf | Zykluszeit [min] | Auftragszeit [min] | Rüstzeit [min] |
|---|---|---|---|---|
| A | 65 | 2,81 | 182,65 | 15 |
| B | 115 | 5,15 | 592,25 | 25 |
| C | 75 | 3,25 | 243,75 | 20 |
| D | 120 | 1,80 | 216,00 | 35 |
| E | 30 | 2,50 | 75,00 | 12 |
| Summe | 405 | | 1309,65 | 107 |

Es wird 3-schichtig (3 x 7,5 h = 22,5 h = 1350 min) produziert. Die Differenz aus Arbeitszeit und Auftragszeit ergibt 40,35 min (= 1.350 – 1.309,65). Das EPEI ergibt sich als Verhältniszahl aus berechneter Differenz und tatsächlich benötigter Rüstzeit zu 2,65 Tagen.

Der EPEI-Wert von 2,65 bedeutet, dass ein Produkt alle 2,65 Tage produziert werden kann und nicht pro Tag bedarfsgerecht. Um dennoch den Kunden fristgerecht beliefern zu können, muss die fehlende Abstimmung des Produktionsprozesses auf den Kundentakt über Bestände abgedeckt werden.
Anhand des EPEI-Wertes kann umgekehrt die minimale Fertigungslosgröße berechnet werden, indem man den EPEI-Wert mit der täglichen Bedarfsmenge multipliziert.

| Produkt | Kundenbedarf | EPEI | Minimale Fertigungslosgröße, gerundet |
|---|---|---|---|
| A | 65 | 2,65 | 173 |
| B | 115 | 2,65 | 305 |
| C | 75 | 2,65 | 199 |
| D | 120 | 2,65 | 318 |
| E | 30 | 2,65 | 80 |

Ziel ist ein möglichst geringer EPEI-Wert, der sich wiederum in möglichst kleinen Losgrößen wiederspiegelt.

## Externe Rüstoperationen

⇨ OED

# F

## F

### Fault Tree Analysis

⇨ FTA

### Fehlerbaumanalyse

⇨ FTA

### FIFO

Die Abkürzung FIFO steht für den englischen Begriff "First In First Out" und beschreibt ein Lagerhaltungssystem. Es bedeutet, dass das am frühesten eingelagerte Gut auch als erstes wieder ausgelagert wird. Genutzt wird dieses Prinzip sowohl zur Einhaltung feststehender Reihenfolgen (z.B. bei Zwischenpuffern in der Produktion) als auch zur Vorbeugung einer Überalterung des Warenbestands. Erreicht werden kann die Einhaltung des FIFO-Prinzips entweder durch Lagertechnik (z.B. Durchlaufregallager) oder durch eine entsprechende Steuerung (z.B. im Hochregallager).

LIFO steht für „Last In First Out" und bedeutet, dass das als letztes eingelagerte Gut als erstes wieder ausgelagert wird. Das LIFO-Prinzip entsteht durch Lagerprinzipien, bei denen nur direkter Zugriff auf das zuletzt eingelagerte Gut besteht (z.B. Blocklager, Einschubregallager, etc.). Es ist das Gegenteil des FIFO-Prinzips.

### First In First Out

⇨ FIFO

# F

## Fischgrätendiagramm

⇨ Ishikawa Diagramm

## Fishbone Diagram

⇨ Ishikawa Diagramm

## FTA

Die Abkürzung FTA steht für den englischen Begriff „Failure Tree Analysis" (dt. Fehlerbaumanalyse). Diese Art der Analyse wird vorwiegend für Maschinen und Anlagen eingesetzt und zielt auf die qualitative und quantitative Erfassung unerwünschter Ergebnisse (Stillstände, Störungen, etc.) ab. Potenzielle Ursachen (⇨ 5M) und deren Zusammenwirken werden hierarchisch in einer Baumstruktur zusammengestellt.

Die Anwendung der FTA unterstützt die Entwicklung von prozesssicheren Anlagen und Maschinen durch Ableitung von Konstruktionsanforderungen und –richtlinien.

| Datensammlung für FTA / Fehlerbaumanalyse ||||| 
|---|---|---|---|---|
| No. | Störung | Beschreibung | Störungsdauer | Bedeutung |
| 1 | Sicherung defekt | Falsche Sicherung verbaut | 10 min | gering |
| 2 | Hydraulik ausgefallen | Pumpe überhitzt | 90 min | hoch |
| 3 | ... | ... | | |

**Abbildung 2: Datensammlung für FTA / Fehlerbaumanalyse**

# F

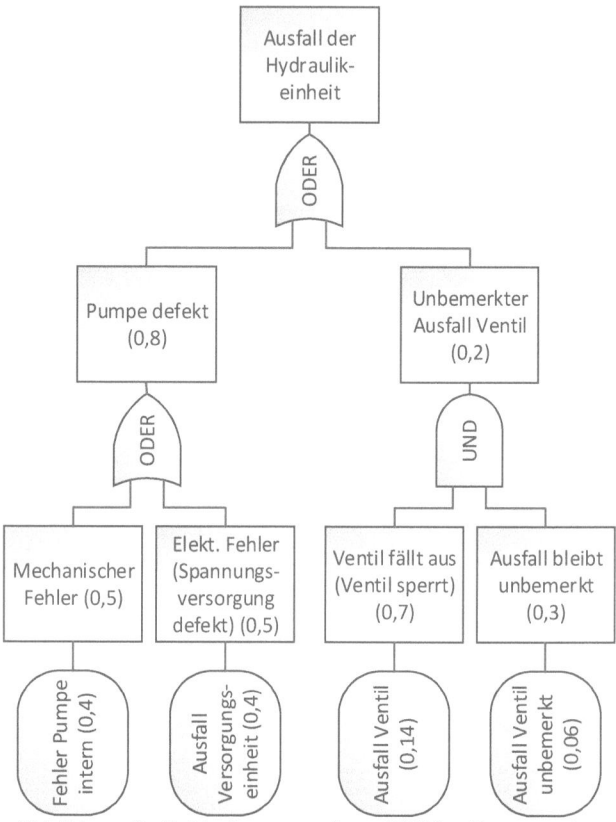

**Abbildung 3: Fehlerbaumanalyse (FTA) mit angegebenen Auftretenswahrscheinlichkeiten**

## Funktionenanalyse

Die Funktionenanalyse (aus der Wertanalyse nach EN 12973) bietet die Möglichkeit, einen Prozess unabhängig von der Prozessfolge, den Prozessbeteiligten und räumli-

chen Aspekten aus unterschiedlichen Perspektiven zu beschreiben und dadurch ganzheitlich zu ergründen.
Die Analyse der Funktionenkosten zeigt Prozesskostenschwerpunkte auf und ermöglicht die gezielte Auswahl von Suchfeldern für Verbesserungen. Dabei ist kein Fokus auf wertschöpfende oder nicht-wertschöpfende Prozessanteile vorgegeben.
Je nach Ausrichtung der Suchfelder kann eine weitere geeignete Methode unterstützend eingesetzt werden. Im Gegensatz zur ⇨ Wertstromanalyse kann die Funktionenanalyse als ein Instrument genutzt werden, um den Prozess zu hinterfragen und aus der Analyse eine quantifizierte Priorisierung von Suchfeldern vorzunehmen.

## Future State Map

⇨ Wertstromdesign

# G

## G

### GEFF

⇨ OEE

### Gemba

Der japanische Begriff „Gemba" steht für den „Ort des Geschehens" – die Werkstatt, die Produktionshalle, das Lager etc. oder auch das Büro.
Gemba drückt aus, dass Probleme dort analysiert, bearbeitet und behoben werden, wo sie auftreten. An diesem Ort lassen sich Prozesse analysieren, bewerten und optimieren.

### Genbutsu

Der japanische Begriff „Genbutsu" steht für die realen Dinge, Gegenstände (Werkzeuge, Hilfsmittel, etc.), die sich am Arbeitsplatz befinden.

### Genchi Genbutsu

Der japanische Begriff „Genchi Genbutsu" steht für „gehen und sehen Sie selbst". Der Begriff zielt darauf ab, dass man sich alle Zahlen, Daten und Fakten (⇨ ZDF) über einen Prozess direkt vor Ort beschaffen soll. Informationen können vereinfacht und abstrahiert werden und aus ihrem Zusammenhang gerissen werden. Dies ist ein häufiger Grund, warum Problemlösungen am Ziel vorbeigehen und unwirksam sind.

### Gesamtanlageneffizienz

⇨ OEE

# H

## Hancho

Der japanische Begriff „Hancho" steht für einen Gruppenleiter, der die unterste Führungsebene in der Produktion darstellt und für 6 bis max. 10 Mitarbeiter verantwortlich ist. In seiner Rolle als Prozessbeobachter und Führungskraft ist er für den täglichen Verbesserungsprozess in seiner Gruppe verantwortlich. Grundvoraussetzung für einen Hancho sind hohe soziale Kompetenz und die Fähigkeit, Mitarbeiter erfolgreich zu coachen und zu führen.

## Hanedashi

Der japanische Begriff „Hanedashi" steht für das Prinzip, dass Maschinen/Vorrichtungen das bearbeitete Bauteil automatisch auswerfen. Nach Auswurf des Bauteils entnimmt der Mitarbeiter es, transportiert es weiter oder übergibt es dem nächsten Mitarbeiter. In der Zwischenzeit ist die Maschine/Vorrichtung wieder im Grundzustand, um neu bestückt zu werden.
Vorteile dieses Prinzips sind kürzere Bearbeitungszeiten und höherer Durchsatz durch reduzierte Handhabung und höhere Prozessstabilität. Durch Integration in ⇨ Chaku-Chaku werden Puffer und Sicherheitsbestände reduziert.

## Heijunka

Der japanische Begriff „Heijunka" steht für die weitgehende Harmonisierung des Produktionsflusses und die Weiterführung des ⇨ „Heikinka", der nivellierten Produktion, bei der ein fester Produktionszyklus öfters als einmal an einem Tag wiederholt wird. Heijunka steht für eine geglättete und sequenzierte Produktion. Hierzu wird die Produktionsmenge in kleine Losgrößen aufgeteilt.

# H

## Heikinka

Der japanische Begriff „Heikinka" steht für die Nivellierung der Produktion und erfolgt durch eine Entkopplung der einzuplanenden Fertigungsaufträge bezüglich Menge und zeitlicher Reihenfolge. Ein regelmäßiges und zyklisches (und damit standardisiertes) Produktionsprogramm ist das Ziel.

Hierzu das folgende Beispiel:
Für die Produktion sind die folgenden Bestellungen eingegangen:
Teil X    100 Stück
Teil Y    500 Stück
Teil Z    800 Stück
Ohne Heikinka (Nivellierung) werden 3 Fertigungsaufträge gestartet und Teil X, Teil Y und Teil Z produziert.
Mit Heikinka (Nivellierung) werden die Bestellungen in einzelne Fertigungslose aufgeteilt, wie z.B. 10x Teil X, 50x Teil Y und 80x Teil Z und dann so oft wiederholt bis alle Bestellungen abgearbeitet sind. Diese Systematik führt zwangsläufig zu niedrigeren Beständen, zu höherer Flexibilität und zu einer höheren Lieferbereitschaft und -treue. Voraussetzung ist jedoch, dass die eingesetzten Produktionseinheiten sehr schnell gerüstet werden können.

## Hoshin Kanri

Der japanische Begriff „Hoshin Kanri" steht für ein Managementsystem mit Plänen und Zielen. Dabei steht „Hoshin" für „Kompassnadel" (= Ziele) und „Kanri" für „Management". Alle Führungskräfte und Mitarbeiter sind in einem systematischen Managementprozess eingebunden, um sogenannte Breakthrough-Ziele zu erreichen. Diese Unternehmensziele sind meistens auf Top-Managementebene (Unternehmensvision) definiert und müssen auf andere Managementebenen, sowohl vertikal als auch horizontal, bis zum einzelnen Mitarbeiter heruntergebrochen werden (Kaskadierungspro-

**H**

zess). Begleitend werden Führungskompetenzen aufgebaut, Unternehmenskultur geschafften und Struktur der Organisation gestärkt, damit das Unternehmen langfristig erfolgreich am Markt agieren kann.
Ein zentrales Merkmal ist, dass nicht die genutzten Werkzeuge im Fokus stehen. Vielmehr liegt der Schwerpunkt auf der Entwicklung von (Führungs-) Fähigkeiten auf allen Managementebenen und die Entwicklung von Know-how, das erforderlich ist, um die Unternehmensstrategie umzusetzen.

# I

## IED

Die Abkürzung IED steht für den englischen Begriff „Inside Exchange of Die" und steht für „interne Rüstoperationen". Interne Rüstoperationen können nur bei Stillstand der Maschine/Anlage ausgeführt werden.

## Interne Rüstoperationen

⇨ IED

## Ishikawa Diagramm

Das Ishikawa Diagramm wird vorwiegend für die Problemlösung eingesetzt. Ein Problem/ein Fehler (Wirkung eines Prozesses oder eines Produkts), dessen Ursache nicht bekannt ist, soll grundlegend analysiert werden. Bei der Ursachenanalyse liegt der Fokus auf den 5Ms:

+ **m**en             (**M**ensch)
+ **m**eans           (**M**aschine/Werkzeug/Mittel)
+ **m**aterial/matter (**M**aterial)
+ **m**ethod          (**M**ethode)
+ **m**ilieu          (**M**itwelt (Umwelt))

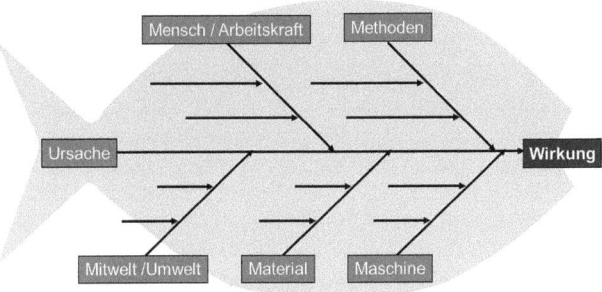

**Abbildung 4: Ishikawa Diagramm**

An den jeweils 5 Hauptästen (Gräten) werden weitere mögliche Ursachen ergänzt, die im letzten Schritt detailliert untersucht werden, bis die Ursache für das Problem/den Fehler gefunden ist.

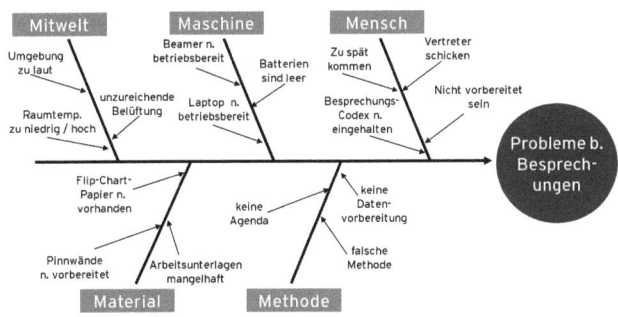

**Abbildung 5: Beispiel für ein Ishikawa Diagramm**

# J

## J

### Jidoka

Der japanische Begriff „Jidoka" steht für Autonomation (autonome Automation) und bezeichnet eine „intelligente Automation" oder eine „Automation mit menschlichen Zügen!" Jidoka ist als Instrument der Prozesssicherheit, der Fehlerprävention und Leistungssteigerung zu verstehen.

Die Mitarbeiter sind autorisiert, den Arbeitsprozess bei auftretenden Fehlern zu stoppen (stop the line), mit dem Ziel, die Ursache des Fehlers zu finden, um Wiederholungen zu vermeiden.

Maschinen sind in der Lage, Unregelmäßigkeiten zu erkennen. Ein Fehler darf nur einmal gemacht werden.

Trennung der menschlichen Arbeit von der maschinellen Arbeit: ein Mitarbeiter betreut mehrere Maschinen oder Prozesse (multi-process handling).

Evolution des Produktionssystems:

- + Eliminierung der Überwachung durch den Mitarbeiter
- + Ermöglichung der Mehrfach-Maschinen-Bedienung
- + Steigerung der Produktivität
- + Steigerung der Qualität

### JiS

⇨ Just-in-Sequence

### Jishuken-Workshop

Der japanische Begriff „Jishuken" umschreibt einen Workshop, bei dem Mitarbeiter unterschiedlicher Hierarchieebenen ein Problem/Thema in einer begrenzten Zeitdauer (2 bis max. 4 Tage) bearbeiten, um einen Arbeitsprozess so zu verändern, dass dieser nach dem Workshop einfacher, schneller, besser etc. durchzuführen ist. Ein Jishuken-Workshop gliedert sich in die folgenden Phasen:

- + Vorbereitungsphase
    - + Sammlung aktueller Probleme
    - + Auswahl des Problems/Thema für den Workshop
- + Durchführungsphase
    - + Ursache-Wirkungs-Analyse
    - + Häufigkeiten
    - + Problemlösung
    - + Definition von Maßnahmen
- + Umsetzungsphase
    - + Realisierung der Maßnahmen und Erprobung
    - + Definition eines neunen Standards

Im Vordergrund des Workshops steht neben der eigentlichen Problemlösung der Problemlösungsprozess. Alle Mitarbeiter sind gleichberechtigt und sollen sich während der geplanten Zeitdauer von 2 bis max. 4 Tagen intensiv unter Anleitung eines erfahrenen Moderators mit dem Problem auseinandersetzen.

## JiT

⇨ Just-in-Time

## Just-in-Sequence

Der englische Begriff „Just-in-Sequence" steht für ein Beschaffungskonzept im Bereich der Logistik und ist eine Weiterentwicklung der Just-in-Time Philosophie. Bei JiS sorgt

# J

der Lieferant oder Logistikdienstleister nicht nur dafür, dass die richtige Ware in der richtigen Menge am richtigen Ort bereitgestellt wird, sondern auch dafür, dass die Ware in der richtigen Reihenfolge (sequence) der Arbeitsstation zugeführt wird.

## Just-in-Time

Der englische Begriff „Just-in-Time" oder auch bedarfsgerechte Bereitstellung von Material und Gütern bezeichnet ein Logistikkonzept, das die folgenden Ziele (4R) verfolgt: Bereitstellung

- der richtigen Ware
- in der richtigen Menge
- am richtigen Ort
- zum richtigen Zeitpunkt

Die Logistik allgemein verfolgt darüber hinaus auch noch die Ziele:

- in der richtigen Qualität
- zu den richtigen Kosten/Preisen

Das JiT-Prinzip erfordert einen abgestimmten Produktions- und Materialfluss sowie Informationsfluss entlang einer Lieferkette. Dies kann nur durch eine enge Zusammenarbeit zwischen Lieferanten und Abnehmern erzielt werden, um eine Reduzierung von ⇨ Durchlaufzeiten und Kosten zu erzielen.

# K

## Kaikaku

Der japanische Begriff „Kaikaku" steht für Reform und bedeutet im Rahmen des ⇨ Lean Management die grundlegende Veränderung und Neugestaltung von Geschäftsprozessen. Im Detail bezeichnet Kaikaku im Rahmen des ⇨ Lean Management die folgenden 3 Punkte:

+ Einführung des Flussprinzips in der Produktion und den betroffenen Supportbereichen und die damit verbundene umfassende Umstrukturierung.

+ Einführung und Umsetzung der Lean Philosophie durch einen mehrjährigen Veränderungsprozess. Schulungen und Projekte (Learing by doing) unterstützen dabei Mitarbeiter, die Denkweise zu verstehen und Handlungsweisen zu verinnerlichen.

+ Transformation der bestehenden Unternehmenskultur zu einer Lean-Kultur auf allen Unternehmensebenen. Eine Lean-Kultur muss sich im Unternehmen entwickeln und muss von „oben" vorgelebt werden. Konsequentes Führen, Entscheiden und Handeln nach Lean-Gesichtspunkten unterstützt den Veränderungsprozess.

## Kaizen

Der japanische Begriff „Kaizen" besteht aus den beiden Begriffen „Kai" (= Veränderung) und „Zen" (= zum Guten/Besseren). Frei übersetzt kann der Kaizen-Begriff mit „Veränderung zum Guten" umschrieben werden. Kaizen steht somit für einen kontinuierlichen Veränderungsprozess („KVP" oder „CIP" = „Continuous Improvement Process") und bezeichnet eine japanische Arbeitsphilosophie, in dessen Zentrum das Streben nach kontinuierlicher Verbesserung steht.

# K

## Kanban

Der japanische Begriff „Kanban" bedeutet „Karte" und steht heute für eine verbrauchsorientierte Materialbereitstellung in der Produktion und anderen Unternehmensbereichen und ist ein Teil der Produktionssteuerung.
Die Materialbereitstellung ist ausschließlich am aktuellen Verbrauch an den Arbeitsstationen oder des Unternehmensbereichs ausgerichtet. Mit Hilfe einer Kanban-Steuerung der Materialbereitstellung lassen sich Bestände in der Produktion, im Lager, beim Lieferanten und in der Supply Chain reduzieren.
Kanban-Steuerungen unterscheiden sich heute nach der jeweiligen Umsetzung wie z.b.

+ Produktion-Kanban
+ Behälter-Kanban
+ Signal-Kanban
+ Event-Kanban
+ Sonder-Kanban

## Kata

Der japanische Begriff „Kata" steht für Routinen des täglichen Handelns in unseren Geschäftsprozessen und ist Teil des Managementsystems.
Nur mit ausgezeichneten Ergebnissen wird es Unternehmen gelingen, auf den Märkten in Zukunft zu bestehen. Ausgezeichnete Ergebnisse erfordern jedoch auch exzellente Prozesse, die von fähigen und motivierten Mitarbeitern ausgeführt und gemanagt werden. Diese Mitarbeiter sind jedoch rar und müssen daher im eigenen Unternehmen durch direkte Führungskräfte entwickelt und befähigt werden. Ziel ist es daher, durch Führung des Mitarbeiters durch seinen Vorgesetzten, zu besseren Prozessen und Ergebnissen zu kommen. Entwickelte Kata (Routinen und Hand-

# K

lungsweisen) sind trainierte Verhaltensformen und sind daher schneller abruf- und ausführbar.

## Kobetsu Kaizen

Der japanische Begriff „Kobetsu Kaizen" bedeutet fokussiert Verbesserung, die dann eingesetzt wird, wenn eingeleitete Maßnahmen nicht umfänglich wirksam werden. Kobetsu Kaisen nutzt Werkzeuge wie ⇨ PDCA und ⇨ SDCA, ⇨ A3-Story Board sowie Methoden des Projektmanagements.

## Kontinuierlicher Fluss

Der „kontinuierliche Fluss" ist der effizienteste Weg für die Umwandlung von Rohstoffen zu fertigen Produkten.

Die Ausprägungen lassen sich wie folgt zusammenfassen:

+ Minimaler Einsatz von Ressourcen, wie Mitarbeiter, Maschinen, Materialien, Räumlichkeiten, Handhabungseinrichtungen, etc.
+ Steigerung der Produktivität
+ Reduzierung der Kosten
+ Kurze Durchlaufzeiten
    + schnelle Reaktion auf Kundenwünsche
    + kürzerer Umlauf liquider Mittel
+ Visualisierung der Probleme, wie z.B.
    + Ausschuss
    + schnelle Identifizierung und Korrektur der Probleme
    + leichtere Identifizierung und Entdeckung von Abweichungen
+ Unterstützung der Kommunikation zwischen den Mitarbeitern, die in interner Kunden-Lieferanten-Beziehung stehen

# K

## Kontinuierliche Verbesserung

⇨ Kaizen

## KPI

Die Abkürzung „KPI" steht für den englischen Begriff „Key Performance Indicators" (dt. Schlüsselkennzahlen) in unterschiedlichen Bereichen wie Produktion (⇨ Produktivität, ⇨ Verfügbarkeitsfaktor, ⇨Leistungsfaktor, ⇨ OEE), Qualität (⇨ Qualitätsfaktor), Kosten, Logistik, Sicherheit und Mitarbeitermotivation.

## Kundentakt

Der „Kundentakt" berechnet sich anhand des Kundenbedarfs wie folgt:

$$Kundentakt = \frac{Kundenbedarf}{Betrachtungszeitraum}$$

Aus dem Kundentakt lässt sich die ⇨ Taktzeit und die ⇨ Zykluszeit ermitteln!

## KVP

Die Abkürzung „KVP" steht für „kontinuierlichen Verbesserungsprozess"

⇨ Kaizen

# L

## Last In First Out

⇨ FIFO

## LCA

Die Abkürzung „LCA" steht für den englischen Begriff „Low Cost Automation".

⇨ Jidoka

## Lean Administration

„Lean Administration" ist ein Teil des ⇨ Lean Management. Mit ⇨ Lean Production stand zuerst die Produktion im Fokus der Prozessoptimierung und der Steigerung der Wertschöpfung. Aufgrund der Vielzahl an Schnittstellen zwischen Produktion und Administration ist es naheliegend, auch Prozess in der Verwaltung zu überdenken. Hierzu wurden Methoden hinsichtlich der Belange der Abläufe in der Verwaltung angepasst. Heute hat sich Lean Administration etabliert und wird auch von reinen Dienstleistungsunternehmen, wie Versicherungen, Banken oder Stadtverwaltungen (Bürgerämtern) praktiziert.

Die Schwierigkeit in der Administration ist, dass die eigentliche Wertschöpfung kaum oder nur schwer messbar ist, da eine gleichmäßige „Produktion" nicht vorhanden ist. Dennoch ist es möglich wertschöpfende und nicht-wertschöpfende Aktivitäten zu identifizieren und ⇨ Verschwendung (⇨ Muda) zu vermeiden. Auswirkungen sind

+ hohe Transparenz der Abläufe,

# L

- kürzere Durchlaufzeiten, die sich in Form von kürzeren Reaktionszeiten auf Kundenanfragen zeigen, und
- niedrigere Kosten.

Zentrales Element des Lean Administrations ist die Wertschöpfungsanalyse, die in Form einer ⇨ Wertstromanalyse, eines ⇨ Process Mappings (⇨ Swimlane Diagram) oder eines ⇨ Makigami-Diagramms dargestellt werden kann. Diese Arten der Darstellung schaffen einen Überblick über den Gesamtprozess und liefern Informationen hinsichtlich Informationsbedarf und Informationsangebot sowie Schnittstellen zwischen einzelnen Bereichen.
Die Analyse der einzelnen Tätigkeiten und Arbeitsschritte im Prozess werden hinsichtlich Aufgabenverteilung und -belastung untersucht und in geeigneter Form wie z.B. in einem ⇨ SIPOC (Supplier-Input-Process-Output-Customer) Diagramm oder einem ⇨ Turtle-Diagramm dargestellt.

Werden bei der Analyse der Abläufe Defizite hinsichtlich der Kundenorientierung der Prozessergebnisse festgestellt, so ist eine ⇨ Funktionenanalyse, wie sie aus der ⇨ Wertanalyse nach EN 12973 bekannt ist, hilfreich.
Bei der Entwicklung neuer Prozesse ist eine ⇨ Funktionenanalyse immer hilfreich, das sie hilft, die Kundenbedürfnisse zu erfassen.

Die Begriffe Wertschöpfungsanalyse in der Administration und Wertanalyse lassen sich wie folgt abgrenzen:

- Wertanalyse: „Die richtigen Dinge tun!"
- Wertschöpfungsanalyse: „Die Dinge richtig tun!"

## Lean Development

⇨ Lean Innovation

## Lean Innovation

„Lean Innovation" (Lean Development oder auch Lean Product Developement) steht für die zielgerichtete Wertschöpfung und Vermeidung von Verschwendung im Entwicklungsprozess. Lean Innovation ist somit in den traditionellen Organisationsfelder wie Innovation, F&E-Management, Vorentwicklung, Applikation, Anlaufmanagement, Entwicklungslieferanten, etc. angesiedelt. Das Verständnis für Wertschöpfung aus Kundensicht ist für das Innovationsmanagement im Unternehmen entscheidend. Ziel von Lean Innovation ist es, die Grundsätze des Lean Managements im Produktentwicklungsprozess (PEP) zu implementieren.

## Lean Logistics

„Lean Logistics" ist neben ⇨ Lean Administration und ⇨ Lean Innovation ein Bereich, der sich sehr schnell und frühzeitig neben ⇨ Lean Production entwickelt hat. Dies liegt einerseits daran, dass einige ⇨ Lean Production Methoden, wie z.B. die ⇨ Wertstromanalyse, ⇨ JIT oder ⇨ JIS, zum Ziel haben, die Materiallogistik zu optimieren. Andererseits wird „Transport" nach den ⇨ 7 Verschwendungsarten als ⇨ Verschwendung (⇨ Muda) definiert und zählt damit im Unternehmen zu einer der typische Stützleistungen, die erbracht werden muss.

Durch Lean Logistics wird ein Gesamtoptimum für alle an der Leistungserbringung beteiligten Partner angestrebt. Der Fokus hierbei liegt auf

- der Reduzierung des Ressourceneinsatzes und Schnittstellen,
- der Beherrschung der Prozess-, Varianten- und Schnittstellenvielfalt,
- kurze Durchlaufzeiten und
- der Reduzierung der Transport- und Lagerkosten.

# L

## Lean Management

„Lean Management" steht für ein Managementsystem, das den Fokus auf die Vermeidung von Verlusten setzt (Werte ohne Verschwendung schaffen). Somit ist es Ziel im Unternehmen, effiziente Prozesse zu entwickeln, um die Wertschöpfungskette industrieller Güter und Dienstleistungen optimal zu gestalten. Die Lean Philosophie wurde zuerst in der Produktion (⇨ Lean Production) und dann in der Administration (⇨ Lean Administration) eingesetzt. Weitere Anwendungen findet die Lean Philosophie heute bei Logistik- (⇨ Lean Logistics), Entwicklungs- und Innovations-Prozessen (⇨ Lean Innovation) u.v.m..
Die Grundprinzipien lassen sich wie folgt zusammenfassen:

- Ausrichtung aller Tätigkeiten auf den Kunden (Kundenorientierung)
- Konzentration auf die eigenen Stärken
- Optimierung von Geschäftsprozessen
- Ständige Verbesserung der Qualität (⇨ Kontinuierlicher Verbesserungsprozess, ⇨ Kaizen)
- Interne Kundenorientierung als Unternehmensleitbild
- Eigenverantwortung, Empowerment und Teamarbeit
- Dezentrale, kundenorientierte Strukturen
- Führen ist Service am Mitarbeiter
- Offene Informations- und Feedback-Prozesse
- Einstellungs- und Kulturwandel im Unternehmen (⇨ Kaikaku).

## Lean Manufacturing

⇨ Lean Production

## Lean Production

„Lean Production" oder auch häufig als „Lean Manufacturing" bezeichnet steht für ein verlustarmes (schlankes) Produktionssystem.
Wesentliche Bestandteile des Lean Productions sind:

- Vermeidung von ⇨ Verschwendung (⇨ 7 Verschwendungsarten, ⇨ Muda)
- Reduzierung von Beständen
- Reduzierung von Durchlaufzeiten
- Ausrichtung der Wertschöpfung am Kunden und Kundenbedarf
- Hohe Anlagenverfügbarkeit und Nutzung durch ⇨ autonome und ⇨ präventive Instandhaltung
- Hohe Flexibilität durch kurze ⇨ Rüstzeiten und „Einstückfertigung" (⇨ one-piece-flow)
- Optimierung und Synchronisierung von Arbeitsplätzen und -prozessen
- ⇨ Kontinuierliche Verbesserung (⇨ Kaizen)
- ⇨ Shop Floor Management

## Leistungsfaktor

Der „Leistungsfaktor" ist neben dem Qualitäts- und Verfügbarkeitsfaktor eine erforderliche Größe zur Berechnung der Kennzahl ⇨ OEE (Overall Equipment Effectiveness).
Der Leistungsfaktor berechnet sich wie folgt:

$$Leistungsfaktor = \frac{erbrachte\ Leistung}{theoretisch\ mögliche\ Leistung}$$

Die erbrachte Leistung ist entweder die produzierte Menge im Betrachtungszeitraum oder die produzierte Menge multi-

# L

pliziert mit der Vorgabezeit (= Zykluszeit). Die theoretisch mögliche Leistung ist analog die max. mögliche Menge lt. Vorgabe bzw. die Zeit, die für die maximal mögliche Menge zur Verfügung steht.

## LIFO

⇨ FIFO

## Low Cost Automation

⇨ Jidoka

# M

## Makigami-Methode

Die „Makigami-Methode" wird zur Prozessdarstellung und -optimierung genutzt und ist eine Kombination aus ⇨ Process mapping und ⇨ Wertstromanalyse. Der japanische Begriff „Makigami" heißt übersetzt „Rolle aus Papier" und wurde erstmals im Jahr 1996 in Japan von Okamura-san at Fujico erstellt.

Die Makigami-Methode wird vorwiegend für Prozesse in administrativen Bereichen verwendet, um nicht wertschöpfende Tätigkeiten im Prozess aufzudecken und zu eliminieren. Da in den Verwaltungsbereichen kein Produkt, wie in der Produktion üblich, betrachtet werden kann, wurde die Makigami-Methode von der Wertstromanalyse speziell auf die Bedürfnisse eines physischen Prozesses weiterentwickelt. Somit können nicht sichtbare Produkte, die die administrativen Prozesse ausmachen, betrachtet werden.

Ablauf:

+ Prozessaufnahme: Alle Prozessschritte aufnehmen und aufzeichnen.
+ Prozessanalyse: Prozessschritte in wertschöpfende oder nicht wertschöpfende Tätigkeit klassifizieren und durch farbliche Punkte veranschaulichen. Farbige Verbindungen zwischen den Prozessschritten erlauben die visuelle Betrachtung von Schleifen oder Problemen.
+ Prozessoptimierung: Verschwendung eliminieren (z.B. Schnittstellen beseitigen).

Um den Ist-Zustand zu analysieren, sollten folgende Fragen beantwortet werden:
+ Welche Maßnahmen führt wer, wann und wo durch?
+ Wer erstellt Informationen?

# M

- Auf welchen Informationsträgern werden Informationen bereitgestellt?
- Welche Dokumente/Kommunikationsmittel werden genutzt?
- Wie lange dauert der Prozessschritt?
- Welche Probleme/Verschwendungen fallen während des Prozesses an?

Ziele der Makigami-Methode:

- Verständnis des zu betrachtenden Prozesses steigern
- Aufklärung der zahlreichen Unterprozesse, die am Prozess beteiligt sind
- Aufzeigen der Optimierungsmöglichkeiten für die einzelnen Unterprozesse
- Verschwendung durch mehr Transparenz der Abläufe eliminieren und demnach einen effizienten Prozess erstellen

## Milk Run

Unter dem englischen Begriff „Milk Run" versteht man einen Routenzug für die innerbetriebliche bzw. außerbetriebliche Materialversorgung. Dieses Konzept ist der Beschaffungs- bzw. Distributionslogistik zuzuordnen. Als Vorbild diente die Milchversorgung in den USA. Der Milchmann, der durch Wohngebiete fährt, liefert nur Milch, wenn ihm durch eine leere Milchflasche signalisiert wird, dass Milch benötigt/gewünscht wird. Die Anzahl leerer Flaschen wird durch eine gleiche Anzahl voller Flaschen ausgetauscht. Der Milchmann fährt jeden Tag die gleiche Route.

Dieses Konzept wurde auf die industrielle Produktion übertragen. Das Milk Run-Konzept

+ erhöht die interne als auch externe Lieferfrequenz des Transports von Materialien,
+ gewährleistet eine gleichmäßige Auslastung bzw. fertigungssynchrone Materialbereitstellung und
+ reduziert die Kosten.

## Minomi

Unter dem japanischen Begriff „Minomi" versteht man ein Konzept der Materialbereitstellung in der Fertigung oder Montage. Die für den Arbeitsschritt oder Arbeitsplatz erforderlichen Teile/Baugruppen/Systeme werden sequenziert oder in sequenzierten Sets dem Arbeitsplatz/-system zugeführt.

## Mizusumashi

Der japanische Begriff „Mizusumashi" bedeutet „Wasserläufer" (Wasserspinne) und bezeichnet einen Mitarbeiter in der Produktion, der für die Materialbewegungen zwischen Supermarkt und Arbeitsplatz/-system verantwortlich ist. Ein Mizusumashi sorgt dafür, dass sich die Mitarbeiter am Arbeitsplatz durch Entlastung von logistischen Nebenaufgaben auf ihre wertschöpfenden Tätigkeiten konzentrieren können.
Die Aufgaben/Tätigkeiten eines Mizusumashi lassen sich wie folgt zusammenfassen:

+ Disposition von Material und Meldung möglicher Engpässe
+ Materialver- und Entsorgung
+ Optimierung des Routenzugs und -plans
+ Entwicklung von Standards in Zusammenarbeit mit den Produktionsmitarbeitern
+ Überwachung der Logistik-Standards

# M

## Mock-Up

Der englische Begriff „Mock-up" oder auch „Mockup" bedeutet „Attrappe". Im Rahmen von ⇨ Lean Production verstehen man darunter die Entwicklung oder den Aufbau neuer Arbeitsplätze oder –systeme aus Behelfsmaterialien wie Kartonagen, Holz etc. (⇨ Cardboard Engieering), um Arbeitsabläufe zu testen und zu optimieren, bevor das eigentliche Arbeitsequipment tatsächlich beschafft wird.

## Monozukuri

Der japanische Begriff „Monozukuri" kann mit „Sachen machen", „Waren fertigen" oder „Dinge machen" übersetzt werden und steht für die menschlichen Fähigkeiten (Handwerkskunst = Ingenieurskunst) Kundenanforderungen in Konstruktionsanforderungen und Produktionsanforderungen zu transferieren. Ziel ist es, Produkte zu entwickeln, die Kunden begeistern und somit wettbewerbsfähig sind, als auch Produkte zu konstruieren, die einfach und kostengünstig herzustellen sind (= fertigungsgerechtes Konstruieren oder Design to Costs).

Daher werden die folgenden Ansätze verfolgt:

+ Schulungen bzgl. des Zusammenspiels von Konstruktion und Produktdesign mit Herstellkosten

+ Optimierung der Kommunikation zwischen Produktentwicklung und Produktion (z.B. durch Einsatz der Wertanalyse nach EN 12973)

+ Optimierung des Produktentwicklungsprozesses (PEP) durch:

    + Methoden wie Design for Six Sigma (DFSS), Design to Costs (DtC), Life Cycle Costs (LCC), Target Costing (TC), Voice of the Customer (VoC), FMEA, ⇨ Poka Yoke uvm.

+ Definition von Milestones oder Quality Gates.

Monozukuri fokussiert sich auf die folgenden Ziele:

+ Optimierung des Produktentwicklungsprozesses (PEP)
+ Reduzierung von Anlaufproblemen
+ Optimierung der Serienproduktion

## MTBF (Mean time between failures)

Die Abkürzung MTBF steht für den englischen Begriff „Mean Time Between Failures" bzw. steht für die durchschnittliche Betriebsdauer zwischen Ausfällen eines Produkts (z.B. Maschine oder Anlage).

$$MTBF = \frac{Gesamtbetriebszeit}{Anzahl\ von\ Ausfällen}$$

Je größer der MTBF-Wert ist, desto zuverlässiger ist eine Maschine oder Anlage. Der MTBF-Wert kann als Kenngröße für die Planung von Instandhaltungsmaßnahmen herangezogen werden, da er die Durchschnittszeit repräsentiert, bis ein Fehler auftritt und die Maschine oder Anlage repariert werden muss.

## MTTF (Mean time to failure)

Die Abkürzung MTTF steht für den englischen Begriff „Mean Time To Failure" bzw. steht für die durchschnittliche Zeitdauer bis zur ersten Reparatur/Stillstand oder Versagen bei Produkten, die nicht instandgesetzt werden können.

# M

## MTTR (Mean time to repair)

Die Abkürzung MTTR steht für den englischen Begriff „Mean Time To Repair" bzw. steht für die durchschnittliche Instandsetzungszeit oder Reparaturzeit.

$$MTTR = \frac{Gesamt - Stillstandszeit}{Anzahl\ von\ Ausfällen}$$

## Muda

Der japanische Begriff „Muda" steht für Verschwendung (⇨ 7 Verschwendungsarten / 8 Verschwendungsarten). Es können Aktivitäten oder Schritte in einem Arbeitsprozess sein, die Ressourcen ohne Erzeugung eines Mehrwerts für den Kunden verbrauchen/konsumieren. Man unterscheidet im Wesentlichen drei Verschwendungsarten:

+ Muda 1
  Muda (Verschwendung), die sofort eliminiert werden kann, wie z.B. die Nacharbeit
+ Muda 2
  Muda (Verschwendung), die sofort nach ⇨ Kaizen eliminiert werden kann, wie z.B. mehrfache Beförderung von Produkten und Bestände
+ Muda 3
  Muda (Verschwendung), die nicht ganz eliminiert werden kann, wie z.B. Transporte und Bewegungen (sog. Stützleistungen). Diese müssen im Sinne von ⇨ Kaizen auf ein Minimum reduziert werden.

## Multi-Moment-Aufnahme

Die „Multi-Moment-Aufnahme" wird häufig dazu verwendet, um Aussagen über Arbeitsplätze und –systeme zu treffen. Hierzu werden durch die Mulit-Moment-Aufnahme Daten gesammelt, statistisch ausgewertet und in einen zeitlichen

Bezug gebracht. Methoden der Statistik und der Wahrscheinlichkeitsrechnung werden zur Beurteilung der Daten herangezogen.

## Mura

Der japanische Begriff „Mura" steht für die Unausgeglichenheit. Hierunter sind Verluste zu verstehen, die durch fehlende oder durch unvollständige Harmonisierung der Kapazitäten im Rahmen der Fertigungs- oder Prozesssteuerung entstehen. Es sind hier die Verluste durch Warteschlangenbildung und durch nicht optimal genutzte Kapazitäten zu nennen.

## Muri

Der japanische Begriff „Muri" steht für die Überlastung. Eine Überlastung von Mensch und Maschine hat, in produktiven wie auch in indirekt produktiven Bereichen, Ausfälle und Defekte technischer Natur zur Folge. Während des Arbeitsprozesses überbeanspruchen sich die Mitarbeiter körperlich und geistig, wodurch Verluste entstehen. Anzeichen können Übermüdung, Stress, Fehlerhäufigkeit und Arbeitsunzufriedenheit sein. Im Produktionsprozess machen sich Überlastungen durch mangelnde Harmonisierung des Produktionsflusses oder durch Planungsfehler bemerkbar. Dementsprechend sollte jegliche Art von Überlastung vermieden werden.

# N

## N

## Nivellierte Produktion

⇨ Heijunka

## N5W

N5W steht für „Neue 5W" und erweitert die klassische ⇨ 5W-Methode (5x Warum-Methode) um die Möglichkeit, auf eine Frage mehr als eine Antwort zu geben. Somit ergibt sich eine Art Fehlerbaum (Ursachenbaum).
Ein Beispiel dazu:

**Problem**: Ein Apfel in einer Kiste hat eine Druckstelle!

„Normale" Antwort auf die WARUM-Frage:
Apfel ist angestoßen oder ist heruntergefallen.

**1. Fall: Ist heruntergefallen …**
       **Warum?**  Vom Baum geplumpst!
                      Kann nicht sein – Äpfel vom Boden werden nicht verwendet!

**2. Fall: Ist angestoßen …**
       Warum?  Kiste ist umgefallen!
       Warum?  Kiste unachtsam transportiert!
       Warum?  Kiste nicht gesichert
       Warum?  Transporteur nicht geschult!

# O

## OED

Die Abkürzung „OED" steht für den englischen Begriff „Outside Exchange of Die" und steht für „externe Rüstoperationen". Externe Rüstoperationen können parallel zum laufenden Produktionsbetrieb ausgeführt werden.

## OEE

Die Abkürzung und Kennzahl „OEE" steht für den englischen Begriff „Overall Equipment Effectiveness" und beschreibt die Anlagennutzung. Der verfügbaren Zeit (Schicht, Tag, Woche, Monat etc.) für die Anlagennutzung wird die tatsächliche Ausbringung in Form von Gutteilen (verkaufbare Einheiten = Wertschöpfung) gegenübergestellt. Bei der Ermittlung der Verlustanteile konzentriert man sich auf die 3 Schwerpunkte

- Ausfallzeiten (geplanter und ungeplanter Stillstand)
- Geschwindigkeitsverluste (verminderte Produktionsleistung) und
- Fehler (Qualitätsverluste)

Die Berechnung der Kennzahl OEE setzt sich aus 3 Faktoren zusammen: Verfügbarkeit (Läuft die Anlage oder steht sie?), Leistung (Mit welcher Geschwindigkeit läuft die Anlage?) und Qualität (Wie viele Teile entsprechen den Qualitätsvorgaben?).
Die Kennzahl OEE wird durch Multiplikation der Einzelfaktor berechnet:

$$OEE = Leistungsfaktor \cdot Qualitätsfaktor \cdot Verfügbarkeitsfaktor$$

# O

**Abbildung 6: OEE (overall equipment effectiveness)**

Da nicht immer alle Daten zur Berechnung der Einzelfaktoren Verfügbarkeit, Leistung und Qualität vorliegen, kann die Kennzahl OEE auch vereinfacht über Teileausbringung und Zeit wie folgt berechnet werden:

$$OEE = \frac{Anzahl\ Gutteile}{Anzahl\ max.\ möglicher\ Gutteile}$$

$$OEE = \frac{Anzahl\ Gutteile \cdot Zykluszeit}{Arbeitszeit}$$

Mit dieser groben Berechnung kann sehr schnell und einfach ein Kennzahl OEE berechnet werden, um einen ersten Eindruck bzgl. Effizienz einer Anlage oder Produktionslinie zu bekommen. Da keine detaillierten Daten hinsichtlich Verfügbarkeit, Leistung und Qualität vorliegen besteht hier jedoch die Gefahr, dass Verbesserungsmaßnahmen nicht die gewünschten Resultate erzielen und ins Leere laufen. Daher empfiehlt es sich, die Verlustanteile genauer vor Durchführung von Verbesserungsmaßnahmen zu analysieren.

# O

## One-Piece-Flow

„One-Piece-Flow" (⇨ OPF) ist ein Fertigungskonzept, bei dem durch einen Mitarbeiter immer nur ein Teil von Maschine zu Maschine transportiert wird. Für dieses Fertigungskonzept werden auch die Begriffe

+ U-Linie oder
+ Chaku-Chaku-Linie (⇨ Chaku-Chaku-Prinzip)

verwendet.

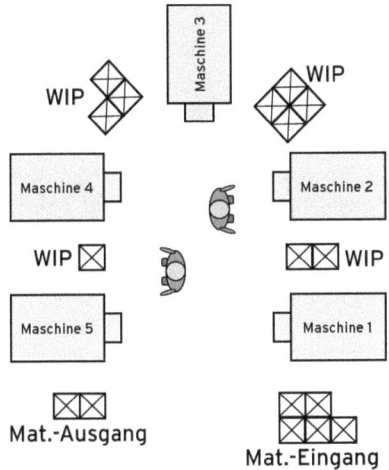

**Abbildung 7: U-Zelle / U-Linie**

Der Unterschied zur klassischen Fertigung ist, dass die Mitarbeiter nicht an ihrem Arbeitsplatz verweilen, sondern mit dem Teil/System/Produkt zum nächsten Arbeitsplatz, bis zu einem definierten Übergabepunkt, zu einem anderen Mitarbeiter, einem anderem Arbeitssystem oder zum Montageende wandern ohne Unterbrechung des Bearbeitungsprozesses. Start- und Endpunkt des Fertigungssystems sollten nahe beieinanderliegen – dies ist durch U-förmige Fertigungszellen gewährleistet.

# O

One-Piece-Flow im engeren Sinne bedeutet, dass jeder Mitarbeiter alle anfallenden Arbeiten/Tätigkeiten beherrscht und verrichtet. Somit ist jeder Mitarbeiter für den Gesamtprozess und für das daraus resultierende Teil/System/Produkt verantwortlich.

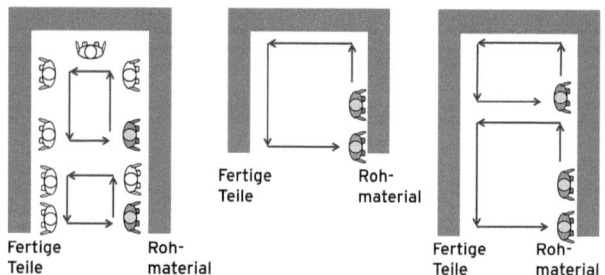

**Abbildung 8: Unterschiedliche Ausprägungen / Gestaltungsmöglichkeiten von U-Zellen / U-Linien**

Vorteile:

+ Job rotation – Mitarbeiter erstellt ein komplettes Teil oder System
+ hohe Flexibilität für Varianten und Produktionsschwankungen,
+ Flexibilität bzgl. neuer Einsatzbereiche der Arbeitsstationen (z.B. Montageeinheiten)
+ Flexibilität bzgl. Rüsten bei Fertigung mehrerer Varianten mit ähnlichen Prozessabläufen (Verwendung von Wechselvorrichtungen etc.)
+ reduzierte ⇨ Durchlaufzeit und Lieferzeit, da nicht gewartet werden muss, bis ein Los einer Variante zusammen kommt,
+ reduzierte Bestände und Flächen- sowie Kapitalbedarf (im Vergleich zu vollautomatisierten Transfersystem-Montageanlagen),
+ gesteigerte Qualität.

Grenzen von „One-Piece-Flow“:

- Qualitätsschwankungen sind nicht auszuschließen, wenn aufgrund von Vertretungen bei Urlaub oder Krankheit etc. die Anforderungen an Mitarbeiter nicht eingehalten werden können.
- Hohe Personalkosten bei dauerhafter Auslastung einer One-Piece-Flow-Anlage im Bereich der geplanten Kapazitätsgrenze und geringer Anzahl von Varianten.

## One Point Lesson

Der englische Begriff „One Point Lesson“ (OPL) steht für eine Kurzschulung/Kurzinformation/Tätigkeitsanleitung für Mitarbeiter bzgl. einer Tätigkeit. Auf einer Seite (one pager) werden kurz und prägnant Hilfestellungen idealerweise in Form von Abbildungen gegeben. Diese Anleitungen/Hilfestellungen sind direkt vor Ort (⇨ Gemba) verfügbar.

| ONE POINT LESSON | | | | | | | |
|---|---|---|---|---|---|---|---|
| Linie | | Arbeitsplatz | | Nr. | | von | |
| Thema | | | | | | | |
| Erstellt von | | Datum | | Geprüft | | Rev. | |
| Grundlagenwissen ☐ | | | Verbesserungsbeispiel ☐ | | | Problembeispiel ☐ | |
| | | | | | | | |
| Schulungs-durch-führung | Schicht | Unterweiser | Datum / Teilnehmer | | | | |
| | 1te | | | | | | |
| | 2te | | | | | | |
| | 3te | | | | | | |

**Abbildung 9: One Point Lesson (OPL)**

## One Touch Exchange of Die

⇨ OTED

# O

## Operation Balance

Der englische Begriff „Operation Balance" steht für eine getaktete und nivellierte Produktionslinie. Ausgehend von einer nicht getakteten und nivellierten Produktionslinie – siehe Abbildung 10 – werden im ersten Schritt die Zykluszeiten und die Taktzeit erfasst. Aus Abbildung 10 ist auch ersichtlich, dass Arbeitsschritt 6 gefolgt von 2 und 7 Engpässe darstellen.

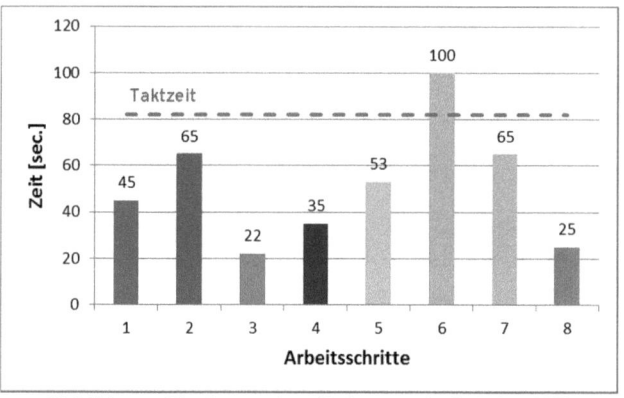

**Abbildung 10: Operation Balance: 1. Schritt: IST-Aufnahme**

In einem zweiten Schritt werden die Arbeitsinhalte auf die betroffenen Mitarbeiter so verteilt, dass jeder Mitarbeiter annähernd gleich viel zu tun hat. Wie aus Abbildung 11 ersichtlich wird, ergibt sich durch diese Maßnahme ein großer Puffer zur Taktzeit. Die Folge ist Überproduktion! Die Produktionslinie ist jetzt zwar ausgeglichen (balanciert) aber nicht am Kundentakt ausgerichtet.

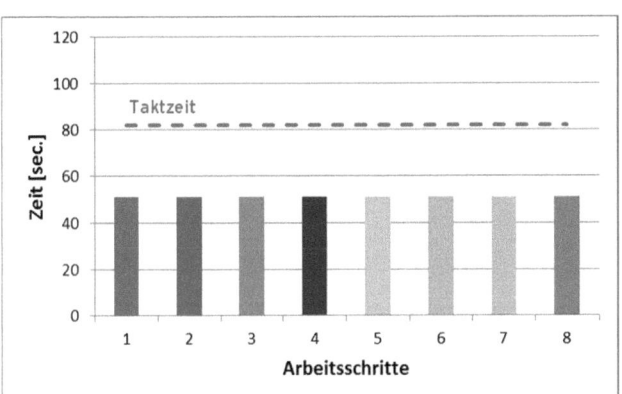

Abbildung 11: Operation Balance: 2. Schritt: Arbeitsinhalte nivellieren

In einem dritten Schritt wird die Produktionslinie am Kundentakt ausgerichtet. Hierzu wird Anzahl der erforderlichen Arbeitsschritte berechnet. Hierfür wird die Summe aller Zeiten aller Tätigkeiten durch die ⇨ Taktzeit dividiert.

$$Anzahl\ Arbeitsschritte = \frac{\sum Zeiten\ aller\ T\ddot{a}tigkeiten}{Taktzeit}$$

Die Tätigkeitsinhalten müssen nun neu sortiert und auf die Anzahl Arbeitsschritte sinnvoll aufgeteilt werden.

# O

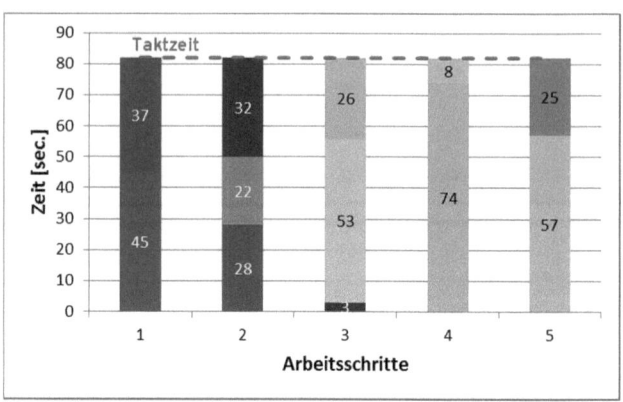

Abbildung 12: Operation Balance: 3. Schritt: Arbeitsschritte am Kundentakt ausrichten und nivellieren

## OPF

Abkürzung für
⇨ One-Piece-Flow

## OPL

Abkürzung für
⇨ One Point Lesson

## OTED

Die Abkürzung „OTED" steht für den englischen Begriff „One Touch Exchange of Die" und kann mit „Umrüsten mit einer Armbewegung" übersetzt werden. Ziel ist es, an Vorrichtungen etc. möglichst Schnellspannsysteme oder Handräder für die Befestigung oder Einstellung/Justierung zu verwenden, um den Einsatz von Werkzeugen, womöglich noch Sonderwerkzeug, zu vermeiden.

# O

## Overall Equipment Effectiveness

⇨ OEE

# P

## Pareto Prinzip

Das „Pareto Prinzip" steht Synonym für die 80/20-Regel, die besagt, dass z.B. mit 20 % der Produkte eines Unternehmens 80 % des Umsatzes gemacht werden oder dass 20 % der Bauteile einer Stückliste 80 % der Materialkosten verursachen.

Das Pareto Prinzip geht auf Vilfredo Pareto, Nationalökonom und Soziologe italienischer Herkunft (1848-1923), zurück. Pareto entdeckte 1897, dass zu damaliger Zeit 20 % der Bevölkerung 80 % des Reichtums besaßen.
Das Pareto Prinzip lässt sich heute auf viele Bereiche übertragen. So findet man es heute bei der ABC-Analyse wieder oder auch bei Problemlösungstechniken, um sicherzustellen, dass man sich auf die wesentlichen und wichtigen Probleme fokussiert. Die Daten werden in einem sogenannten Pareto Diagramm dargestellt.

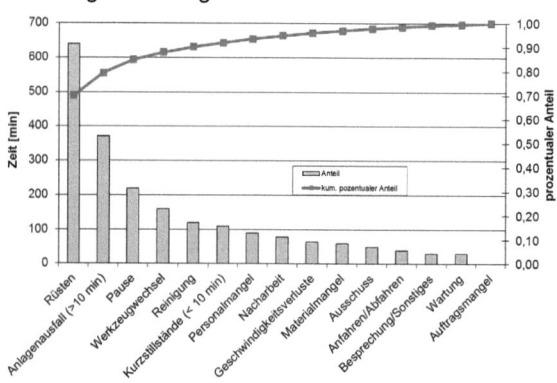

**Abbildung 13: Pareto-Diagramm**

## PDCA-Zyklus

Die Abkürzung „PDCA" steht für die englischen Begriffe „PLAN – DO – CHECK – ACT".

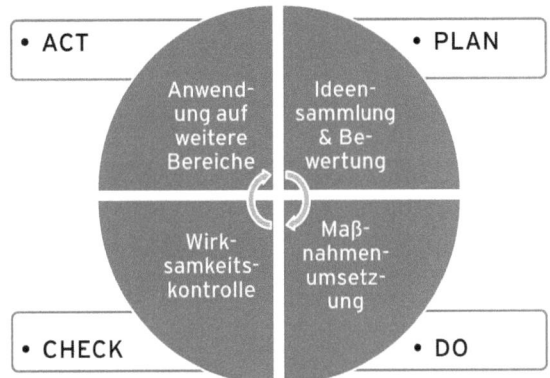

**Abbildung 14: Darstellung des Plan-Do-Check-Act-Zykluses (PDCA-Zyklus)**

Der PDCA-Zyklus, auch Deming-Kreis genannt, ist eine iterative Problemlösungsmethode in 4 Schritten:

+ 1. Schritt PLAN
  In diesem Schritt werden Ideen hinsichtlich eines möglichen Verbesserungspotenzials gesammelt und bewertet. Im Sinne von ⇨ Kaizen werden hier die Mitarbeiter vor Ort intensiv eingesetzt.

+ 2. Schritt DO
  In diesem Schritt werden erfolgsversprechende Ideen/Maßnahmen vor Ort (⇨ Gemba) ausprobiert, teilweise umgesetzt und optimiert.

+ 3. Schritt CHECK
  In diesem Schritt wird die Wirksamkeit der getroffenen und realisierten Maßnahmen geprüft und bei Erfolg für weitere Umsetzungen, evtl. als neuen Standard, freigegeben.

# P

- 4. Schritt ACT
  In diesem Schritt wird die Lösung auch an anderen Arbeitsplätzen oder Arbeitssystemen umgesetzt. Evtl. wird die Lösung als neuer Standard beschrieben und durch regelmäßige Audits auf Einhaltung geprüft.

## Poka-Yoke

Der japanische Begriff „Poka-Yoke" steht für „unglückliche Fehler vermeiden" (Poka = „zufälliger oder unbeabsichtigter Fehler" und Yoke = „Vermeidung oder Verminderung") und ist Teil einer Null-Fehler-Strategie in einem Unternehmen. Poka-Yoke umfasst Vorkehrung und Einrichtungen zur Fehlervermeidung bzw. zur sofortigen Entdeckung von Fehler im Produktionsprozess.

Im Fokus von Poka-Yoke Vorkehrungen und Einrichtungen stehen typische menschliche Fehlhandlungen wie

- Unaufmerksamkeit
- Auslassen
- Vergessen
- Vertauschen
- Verwechseln
- Falsch ablesen
- Fehlinterpretation
- usw.

Im Allgemeinen werden die folgenden Vorkehrungen und Einrichtungen unterschieden:

- **Handlungssichere Einrichtungen – präventive Einrichtungen**
  Durch spezielle Einrichtungen wird die fehlerhafte Bedienung ausgeschlossen.

+ **Überwachende Einrichtung**
 Durch Überwachungseinrichtungen wird die einwandfreie Ausführung des unmittelbar vorhergehenden Arbeitsschrittes überprüft.

+ **Selbstprüfung**
 Mit Schablonen, Mustern oder Checklisten kann der Mitarbeiter selbst sein Arbeitsergebnis unmittelbar nach der Beendigung prüfen.

## ppm (parts per million)

Die Abkürzung „ppm" steht für den englischen Begriff „parts per million" („Teile einer Million"). Die Verhältniszahl ppm wird häufig als Fehlerkennzahl verwendet.

$$ppm = \frac{Anzahl\ Fehler}{1.000.000}$$

In der Automobilindustrie werden heute in vielen Bereichen ppm-Raten von < 100 ppm oder < 50 ppm pro Jahr gelieferter Teile gefordert.
Aus einer vereinbarten ppm-Rate und einer Jahresliefermenge lässt sich eine Anzahl erlaubter Fehler ableiten:

$$Anzahl\ erlaubter\ Fehler = \frac{ppm}{1.000.000} \cdot Jahresliefermenge$$

| ppm | Jahresliefermenge | Erlaubte Fehler |
|---|---|---|
| < 100 | 1.000.000 | 100 |
| < 100 | 100.000 | 10 |
| < 100 | 10.000 | 1 |
| < 50 | 1.000.000 | 50 |
| < 50 | 100.000 | 5 |
| < 50 | 10.000 | 0,5 |

# P

## Präventive Instandhaltung

⇨ Preventive Maintenance

## Preventive Maintenance

Unter „Preventive Maintenance" versteht man die „vorbeugende Instandhaltung". Routine-Instandhaltungsmaßnahmen werden nach einem Planungskalender basierend auf Angemessenheit, Nutzungsgrad und Inspektion durchgeführt.

Fehlerursachen erforderlich:
+ Ölwechsel, Schmierplan, Antriebsriemen, etc.
+ Reinigungsplan
+ 100 Stunden Wartung

Vorteile
+ Instandhaltungsaktivitäten können zu Zeiten geringer Auslastung durchgeführt werden
+ bekannte Ersatzteile können geplant werden

Nachteile
+ bedarf regelmäßiger Inspektionen
+ manche Probleme werden evtl. übersehen

## Produktivität

Der Begriff „Produktivität" beschreibt die Effizienz eines Prozesses oder Systems bzgl. des Wertschöpfungsprozesses und ist das Verhältnis von Output (produzierte Güter) zu Input (Ressourcenaufwand).

$$Produktivität = \frac{Output}{Input} = \frac{produzierte\ Güter}{Ressourcenaufwand}$$

Allgemein kann in Arbeits-, Maschinen- und Materialproduktivität unterschieden werden.

Im Rahmen von ⇨ Lean Produktion wird meistens die Arbeitsproduktivität (Teile oder Einheiten je Mitarbeiter) wie folgt definiert:

$$Produktivität = \frac{i.o.Teile \cdot Produktionszeit}{Anwesenheitszeit \cdot Anzahl\ Mitarbeiter}$$

## Problemlösungsblatt

⇨ A3-Story Board

## Problemlösungstechniken

⇨ A3-Story Board
⇨ FTA
⇨ Ishikawa Diagramm
⇨ N5W
⇨ Pareto Diagramm
⇨ PDCA
⇨ Six Sigma
⇨ Root Cause Analysis

⇨ 5W
⇨ 5W1H
⇨ 8D

# P

## Process Mapping (Swimlane Diagram)

Das „Prozess Mapping" (swimlane diagram) wird eingesetzt, um einen Ist-Prozess darzustellen, bevor weitere Analyseschritte eingesetzt werden. Die Methode ist eine Kombination aus Fluss- und Zuständigkeitsdiagramm. Es wird bevorzugt für die Visualisierung von Geschäftsprozessen mit bereichsübergreifenden Abläufen und Schnittstellen verwendet. Jede Abteilung/Verantwortlichkeit besitzt ihre eigene (Schwimm-) Bahn, die horizontal verläuft. Dort können die Aktivitäten des Prozesses jeder Abteilung/Verantwortlichkeit zeitlich von links nach rechts eingetragen werden. Die Aktivitäten werden schließlich mit Linien verbunden.

Die folgende Abbildung 15 zeigt einen Bestellprozess. Auf der linken Seite sind alle Abteilungen oder Zuständigkeiten des beteiligten Prozesses untereinander gelistet. Einzelne Prozessschritte werden in chronologischer Abfolge den jeweiligen Abteilungen in der Schwimmbahn zugeteilt. Das Prozess Mapping kann optional erweitert werden, indem bspw. Medien und Systeme unter den Prozessschritten notiert werden.

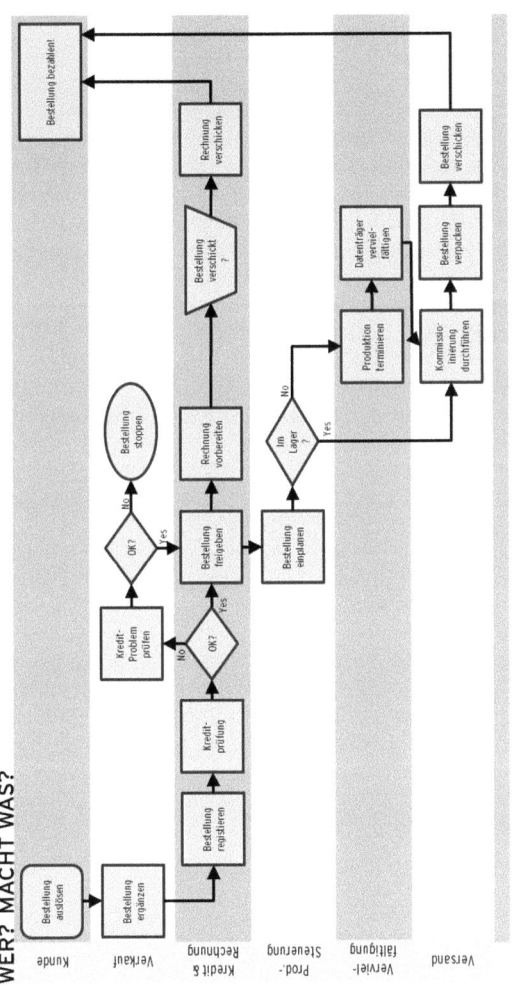

**Abbildung 15: Beispiel für ein Process Mapping mit Hilfe eines swimlane diagram**

# P

## Pull

In einem „Pull"-System wird nur das benötigte produziert, d.h. dass nur Produkte gefertigt werden, die bestellt wurden (make to order) – der Verbraucher (Senke) stellt die alleinige Produktionssteuerungsgröße dar. Dies funktioniert durch aneinander gereihte Regelkreise (Arbeitsschritte = empfangende oder abnehmende Arbeitsplätze), die nach dem Holprinzip arbeiten. Es wird erst ein Produkt produziert, wenn vorher eine definiert Menge (idealerweise 1) vom folgenden Prozess verbraucht wurde.
Aufgrund dieser verbrauchsorientierten Produktionssteuerung führt ein Pull-System selten zu einem Bestands- oder Lageraufbau. Die kurzfristige Marktversorgung wird durch flexible Produktionseinheiten und kurzen Durchlaufzeiten gewährleistet.

## Push

In einem „Push"-System stellen Mitarbeiter und Maschinen die größten Kostenfaktoren dar und müssen daher optimal ausgelastet werden (= optimale Produktion). Die Produktionsplanung und –steuerung erfolgt von einer zentralen Stelle auf Basis einer scheinbar planbaren Nachfrage. Aufgrund der hohen Auslastung der Produktionssysteme kommt es zu hohen Beständen und einer Einlagerung der Produkte, die eine hohe Verfügbarkeit am Markt garantiert (make to stock). Das Push-System stellt das Gegenteil des Pull-Systems dar.

# Q

## QRQC

Die Abkürzung „QRQC" steht für den englischen Begriff „Quick Response Quality Control" und steht für Qualitätskontrolle durch schnelles Reagieren. Ursprünglich wurde QRQC vom Unternehmen Valeo entwickelt. Das schnelle Einleiten von Maßnahmen bei unerwünschten Abweichungen im Herstellungsprozess führt mit hoher Wahrscheinlichkeit dazu, dass alle Ursachen für eine Fehlerentstehung mit geringem Aufwand erfasst werden.

Voraussetzungen für QRQC:

+ Guter Informationsfluss im Unternehmen zur Beseitigung von Abweichungen
+ Fokussiertes Maßnahmenmanagement zur Nachhaltigen Ursachenbehebung
+ Klare Vorgaben für Mitarbeiter hinsichtlich Tätigkeit, Prozess und Qualität (⇨ One Point Lesson)
+ Durchführung und Dokumentation der Fehleranalyse

Die Basis für QRQC ist die Einhaltung des streng methodischen Prozesses, der alle Mitarbeiter des Unternehmens aktiv einbindet. Bei QRQC wird auf klassische Methoden wie dem ⇨ A3-Story Board, ⇨ ZDF sowie ⇨ Problemlösungstechniken zurückgegriffen.

## Qualitätsfaktor

Der „Qualitätsfaktor" ist neben dem Leistungs- und Verfügbarkeitsfaktor eine erforderliche Größe zur Berechnung der Kennzahl ⇨ OEE (Overall Equipment Effectiveness). Der Qualitätsfaktor berechnet sich wie folgt:

# Q

$$Qualitätsfaktor = \frac{Anzahl\ produzierter\ Teile - Ausschuss}{Anzahl\ produzierter\ Teile}$$

Der Qualitätsfaktor erfasst die Verluste, die durch Ausschuss und Nacharbeit entstehen und berechnet sich daher aus dem Verhältnis der Anzahl von Gutteilen (= spezifikationsgerechten Teilen) zu allen produzierten Teilen in einem betrachteten Zeitraum und Produktionssystem.

# R

## Red Tag

⇨ Rote Karte (Red Tag)
⇨ Seiri

## Root Cause Analysis

Der englische Begriff „Root Cause Analysis" steht für eine Problemlösungsmethode, die zum Ziel hat, nicht das offensichtliche zu beseitigen, sondern das Problem an der „Wurzel" zu packen und zu lösen.
Die Root Cause Analysis bedient sich auch weiteren Methoden wie zum Beispiel ⇨ 5W, ⇨ 5W1H, ⇨ N5W, ⇨ Ishikawa Diagramm, ⇨ A3-Story Board etc.

## Rote Karte

„Rote Karten" (Red Tags) werden bei ⇨ 5S/5A im zweiten Arbeitsschritt „Aussortieren" (⇨ Seiton) eingesetzt. An Gegenständen, deren Verwendung unklar ist oder die in einem mangelhaften Zustand sind, werden rote Karten (Red Tags) angebracht. Auf diesen Karten wird die Verwendungshäufigkeit oder die Reparatur/Instandhaltungsmaßnahme vermerkt.

## Rüsten

Der Begriff „Rüsten" umfasst alle Tätigkeiten, die erforderlich sind, um einen Arbeitsplatz oder –system für die Erfüllung eines Auftrags (Arbeitsaufgabe) vorzubereiten und ggf. die Herstellung des ursprünglichen Zustands.

# R

## Rüstzeit

Die Rüstzeit umfasst die gesamte Zeit, die benötigt wird, um eine Anlage oder Maschine zu rüsten. Dabei wird die Rüstzeit zwischen dem letzten produzierten Teil bis zum ersten guten Teil des nächsten Produktionsloses ermittelt.

## Rüstzeit-Optimierung

⇨ SMED

## S

### Sankey Diagramm

Ein Sankey Diagramm ist eine grafische Darstellung von Stoff-, Material-, Energie- oder Geldflüssen in einem System, die durch Pfeile dargestellt werden. Die Breite der Pfeile ist proportional zur Größe des dargestellten Flusses. Durch die grafische Darstellung lassen sich sehr einfach wertschöpfende und nicht-wertschöpfende Flüsse/Ströme identifizieren, um Einsparungspotenzial bei der Handhabung von Ressourcen zu definieren.

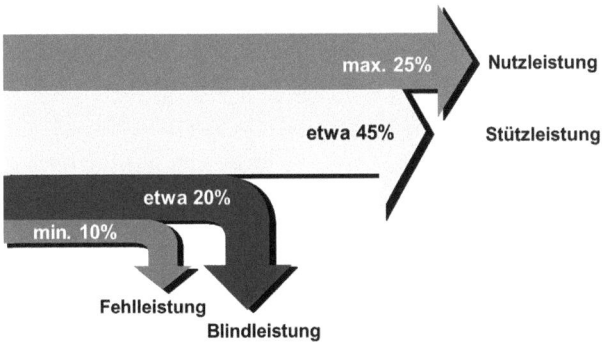

**Abbildung 16: Sankey-Diagramm**

### SDCA-Zyklus

Die Abkürzung „SDCA" steht für die englischen Begriffe „STANDARDIZE – DO – CHECK – ACT". Ein „SDCA-Zyklus" wird nach einem ⇨ PDCA-Zyklus durchgeführt, um stabile Prozesse durch Standardisierung zu schaffen. Nur wenn ein SDCA-Zyklus stattfindet, kann im nächsten Schritt der bestehende Standard mit Hilfe eines weiteren ⇨ PDCA-Zyklus weiter verbessert werden.

# S

Der SDCA-Zyklus umfasst die folgenden Schritte:
- 1. Schritt STANDARDIZE
  Die neue Vorgehensweise für die Anwendung in der Praxis wird definiert und verfeinert. Diese Vorgehensweise stellt einen vorläufigen Standard dar. Die Basis hierfür sind die Ergebnisse des zuvor durchgeführten ⇨ PDCA-Zyklus.
- 2. Schritt DO
  Der Standard wird in der Praxis eingesetzt und erprobt.
- 3. Schritt CHECK
  Die Auswirkungen durch den neuen Standard werden ausgewertet und mit den Erwartungen abgeglichen.
- 4. Schritt ACT
  Umsetzung eventueller Anpassungen am vorher definierten Standard auf Basis gewonnener Erkenntnisse.

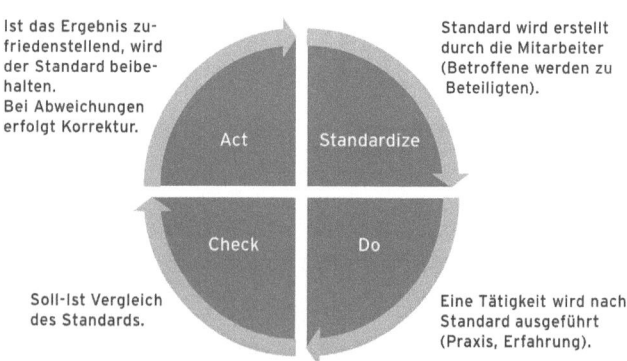

**Abbildung 17: Darstellung des Standardize-Do-Check-Act-Zyklus (SDCA-Zyklus)**

# S

## Seiketsu

Der japanische Begriff „Seiketsu" steht im Rahmen von ⇨ 5S/5A für den vierten Arbeitsschritt „Anordnungen zur Regel machen". Ziel ist es, dass gewonnene Erkenntnisse aus den ersten 3 Schritten zu Regeln umgewandelt oder in Form von Standards definiert werden. Regeln und Standards sind dann für alle Mitarbeiter verbindlich einzuhalten.

## Seiri

Der japanische Begriff „Seiri" steht im Rahmen von ⇨ 5S/5S für den ersten Arbeitsschritt „Aussortieren". Bei diesem Arbeitsschritt wird alles vom Arbeitsplatz oder von der Arbeitsumgebung entfernt, das nichts mit der eigentlichen Aufgabe zu tun hat. Es verbleiben nur die unbedingt erforderlichen Gegenstände und Werkzeuge. An Gegenständen, deren Verwendung unklar ist oder die in einem mangelhaften Zustand sind, werden rote Karten (Red Tags) angebracht. Auf diesen Karten wird die Verwendungshäufigkeit oder die Reparatur / Instandhaltungsmaßnahme vermerkt.

## Seiso

Der japanische Begriff „Seiso" steht im Rahmen von ⇨ 5S/5A für den dritten Arbeitsschritt „Arbeitsplatz säubern und sauber halten". Hierbei werden Arbeitsplatz, Werkzeuge, Maschinen etc. grundlegend gereinigt und in einen ordentlichen Zustand gebracht.

## Seiton

Der japanische Begriff „Seiton" steht im Rahmen von ⇨ 5S/5A für den zweiten Arbeitsschritt „Aufräumen". Hierrunter ist zu verstehen, dass alle verbleibenden Gegenstände, wie Anweisungen, Werkzeuge, Vorrichtungen, Hilfsmittel, Maschinen etc. entsprechend ihrer Verwendungshäufigkeit am

Arbeitsplatz angebracht werden. Sogenannte Shadowboards und Hinweisschilder sind dabei eine große Hilfe.

## Shadowboard

Unter dem Begriff „Shadowboard" (Schattenbrett) versteht man im Allgemeinen Teileaufnahmen aus unterschiedlichen Werkstoffen, die eine geordnete und ergonomisch richtige Aufbewahrung von Werkzeugen und Werkstücken am Arbeitsplatz sicherstellen, z.B. Einlagen und Sortierhilfen für Schubladen oder Umrisse von Werkzeugen an Wänden.

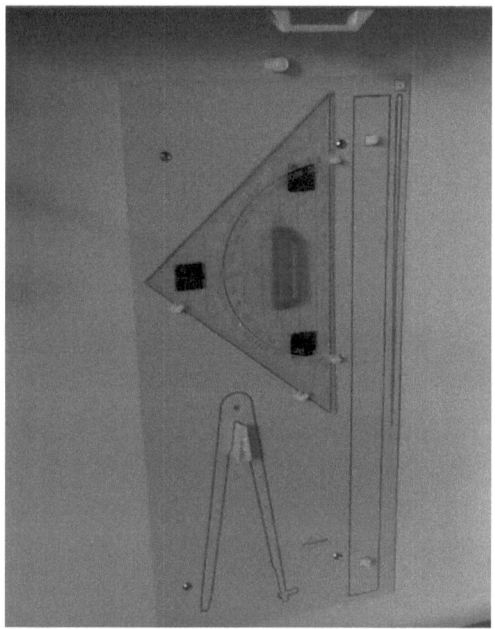

**Abbildung 18: Beispiel für ein Shadowboard für Zeichenhilfsmittel in einem Unterrichtsraum**

## Shitsuke

Der japanische Begriff „Shitsuke" steht im Rahmen von ⇨ 5S/5A für den fünften Arbeitsschritt „Alle Punkte einhalten und ständig verbessern". Dies ist sicherlich die schwierigste Forderung der 5S-Methode, da sie Disziplin der Mitarbeiter erfordert. Regelmäßige Audits der einzelnen Teams untereinander können diesen Schritt unterstützen und eine Weiterentwicklung fördern.

## Shopfloor Management

Das „Shopfloor Management" umfasst die Feinsteuerung der Produktion vor Ort und ist Teil der Produktionsplanung und -steuerung. Durch die konsequente Erfassung von Daten für die Ermittlung von Kennzahlen, wie ⇨ OEE oder ⇨ Produktivität, werden Ursachen (⇨ 5M) für Verluste aufgedeckt und durch die Definition und Umsetzung von Maßnahmen beseitigt. Hierbei bedient man sich unterschiedlichster Methoden wie, z.B. einer ⇨ Rüstzeit-Optimierung (⇨ SMED) oder auch einem A3-Problemlösungsblatt (⇨ A3-Story Board), um Ursache-Wirkungszusammenhänge zu erfassen. Der Einsatz von Methoden zielt auf die Reduzierung der sieben typischen ⇨ Verschwendungsarten, wie Transport/Wege, Bestände, Abläufe/Bewegungen, Ausschuss, Überproduktion, Wartezeiten und Stillstände ab.

Ziel eines Shopfloor Managements ist die Steigerung der Effizienz der Produktion durch schnelle Umsetzung von Korrektur- und Verbesserungsmaßnahmen. Die Organisation von täglichen kurzen Shopfloor Meetings Vorort (⇨ Gemba) gewährleistet eine effiziente und wirkungsvolle Erfassung von Problemen, Definition und Umsetzung von Maßnahmen sowie Verfolgung der Wirksamkeit und Nachhaltigkeit. Ein stringentes Maßnahmen- und Projektmanagement sind Voraussetzung für die erfolgreiche Einführung und Umsetzung des Shopfloor Managements.

# S

## Single Minute of Exchange Die

⇨ SMED

## SIPOC

Die Abkürzung „SIPOC" steht für die englischen Begriffe „SUPPLIER (Lieferant) – INPUT – PROCESS – OUTPUT – CUSTOMER (Kunde)". Die Methode SIPOC kommt aus der Six Sigma Methodik und wird für die Beschreibung und Definition von Prozessen eingesetzt.

+ **Supplier**: Interne oder externe Lieferanten und Dienstleister
+ **Input**: Material und Informationen sowie weitere Eingangsgrößen für den Prozess
+ **Process**: Prozessschritte, die Input in einen Output transferieren
+ **Output**: Ergebnisse des Prozesses
+ **Customer**: interne und/oder externe Kunden für die der Prozess den Output erzeugt

Die Aufgabe ist es, für jeden einzelnen Prozessschritt Input und Lieferant sowie Output und Kunde zu definieren – siehe Abbildung 19.

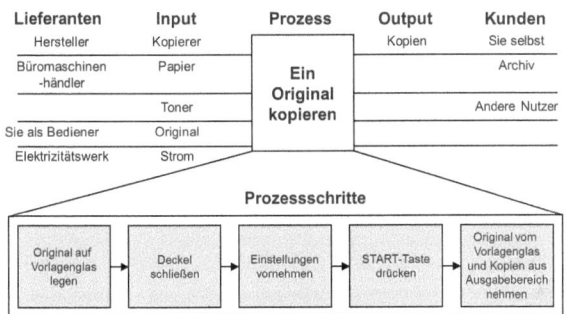

Abbildung 19: SIPOC (Supplier-Input-Output-Customer) Darstellung

## Six Sigma

„Six Sigma" ist ein Methoden-Baukasten zur Prozessverbesserung und umfasst im Wesentlichen die beiden grundlegenden Prozesse

+ DFSS (Design for six sigma) und
+ DMAIC (Define – Measure – Analyze – Improve – Control)

Der am häufigsten eingesetzte Prozess ist der DIMAC-Prozess.

Die Methode Six Sigma kann sehr vielfältig für die Prozessanalyse und –optimierung im Produktionsumfeld als auch im Bereich der Verwaltung eingesetzt werden. Die stringent definierte Vorgehensweise in 5 Arbeitsschritten (Define, Measure, Analyse, Improve und Control) unterstützt den kontinuierlichen Verbesserungsprozess.

Ziel der Six Sigma-Methode ist die Prozessoptimierung durch gezielten Einsatz der Statistik. Prozessrelevante Daten werden mit Hilfe der Statistik ausgewertet und visualisiert. Statistische Methoden unterstützen dabei, Abwei-

# S

chungen im Prozess sicher zu erkennen. Für identifizierte Probleme werden Maßnahmen definiert, umgesetzt und erneut erfasste Daten mit den bestehenden Daten abgeglichen.

## SMED

Die Abkürzung „SMED" steht für den englischen Begriff „Single Minute Exchange of Die". SMED verfolgt die Rüstzeit-Optimierung/-Reduzierung. Ziel ist es, den Rüstvorgang in weniger als 10 Minuten (Single Minute) durchzuführen. Rüstzeit-Optimierungen führen zu erheblichen Reduzierungen der Rüstzeiten und ermöglichen den Anteil produktiver Zeit zu erhöhen. Hierdurch wird die Flexibilität der Produktion gesteigert. Die Kennzahl ⇨ OEE (= Overall Equipment Effectiveness, zu dt. Gesamtanlageneffizienz) wird positiv über eine Verbesserung des ⇨ Verfügbarkeitsfaktors beeinflusst.

Der SMED Ansatz:

+ Analyse der Ausgangssituation (Ermittlung der Rüstzeit)
+ Trennung der Arbeitsgänge in interne (⇨ IED = Inside Exchange of Die) und externe (⇨ OED = Outside Exchange of Die) Rüstoperationen. Unter internen Rüstoperationen versteht man in diesem Zusammenhang Vorgänge, die nur bei angehaltener Maschine/Anlage durchgeführt werden können. Externe Rüstoperationen können parallel zum laufenden Produktionsbetrieb ausgeführt werden.
+ Umwandlung von internen zu externen Rüstoperationen, soweit wie möglich
+ Rüstvorgang standardisieren
+ Verbesserung/Optimierung der internen und externen Rüstoperationen

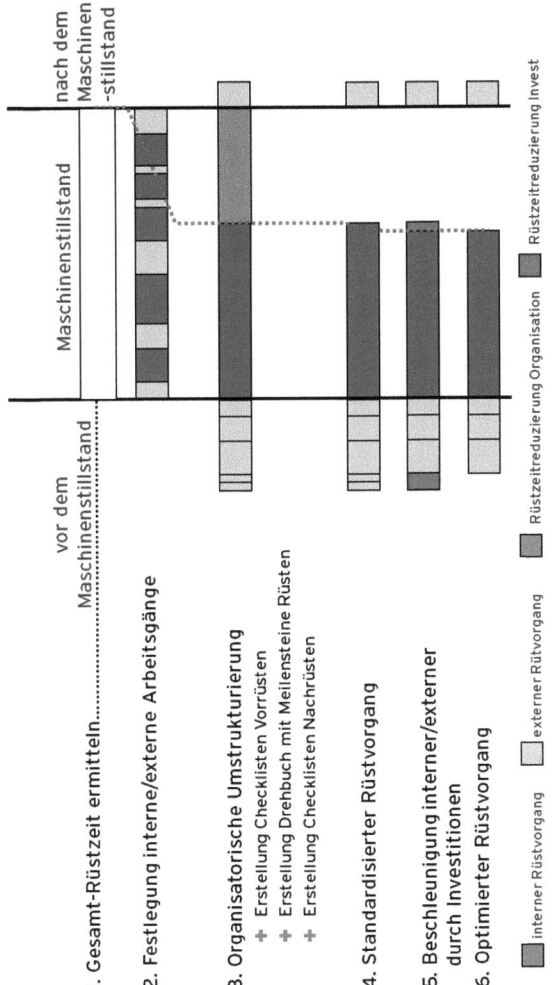

**Abbildung 20: Ablauf einer Rüst-Optimierung**

# S

## Spaghetti-Diagramm

Das „Spaghetti-Diagramm" dient der Visualisierung und IST-Aufnahme von Arbeitsabläufen und Materialflüssen vor Ort (⇨ Gemba). Es werden keine Optimierungen oder Lösungen in das Diagramm eingefügt. Ziel des Spaghetti-Diagramms ist es, die ⇨ Verschwendungsarten Transport und Bewegung aufzuzeigen und zu visualisieren.
Für die Durchführung/Erfassung wird ein Layout des Fertigungsbereichs oder des Büros benötigt, auf dem die zurückgelegten Wege und Häufigkeiten von Material und Mitarbeiter in Form von Linien dokumentiert werden. Je mehr Linien zwischen einzelnen Stationen auf einem Layout eingezeichnet werden, desto größer ist die Verschwendung durch Transport und Bewegung.

## SPC

Die Abkürzung „SPC" steht für den englischen Begriff „Statistical Process Control" (Statistische Prozessregelung) und wird vorwiegend für Regelung von Produktionsprozessen durch ständige Messdatenerfassung eingesetzt. Die Auswertung der Messdaten erfolgt anhand von Qualitätsregelkarten.

## SPEED

Die Abkürzung „SPEED" steht für

- + Standardisierung von Abläufen und Werkzeugen
- + Prozessoptimierung des Rüstvorgänge
- + Eliminierung von nicht-wertschöpfenden Tätigkeiten
- + Einrichterqualifizierung und
- + dauerhaftes Training.

und kommt im Rahmen von ⇨ SMED zum Einsatz.

## Standardisierung

„Standardisierung" bedeutet im Allgemeinen die Vereinheitlichung von Maßen, Typen, Verfahrensweisen (DIN, ISO, EN, etc.) uvm. Unter Standardisierung im Rahmen von ⇨ Lean Management versteht man die Dokumentation und Festlegung/-schreibung von Prozessen oder Tätigkeiten, mit deren Hilfe das beste Arbeitsergebnis erzielt wurde. Ziel ist es, dass alle Mitarbeiter nach diesem Standard arbeiten, um das gleiche Ergebnis zu erreichen. Standardisierungen werden auch bei Dokumenten oder Schriftstücken/Texten (z.B. Telefonansage bei Abwesenheit oder Email-Response), Signalen (z.B. Sirene), Hinweisschildern (Warn- oder Verkehrsschilder) und Verhaltensregeln (z.B. Rechts-vor-Links-Regel im Straßenverkehr) durchgeführt.

## Statistical Process Control

⇨ SPC

## Statistische Prozessregelung

⇨ SPC

## Supermarkt

Unter dem Begriff „Supermarkt" ist im Rahmen von ⇨ Lean Production ein/e Lagersystem/-systematik zu verstehen. Die einfachste Variante ist hierbei das sogenannte Durchschieberegal, das verbrauchsorientiert wieder befüllt wird.

In einem Supermarkt werden dem Verbraucher Waren zum Kauf angeboten. Der Verbraucher entnimmt die benötigte Ware aus dem Regal und das Personal des Supermarkts

# S

füllt das Regal nach Bedarf wieder auf (verbrauchsorientiert).

Das Supermarkt-Prinzip wurde in den Produktionsablauf integriert: Die Montage eines Unternehmens fertigt Produkte und entnimmt alle benötigten Komponenten aus einem Regal (Durchschieberegal). Die vorgeschalteten Arbeitssysteme/-plätze oder die Lieferanten füllen die Regale selbstständig auf.

+ Der Produzent / Verbraucher entnimmt die gewünschte Ware/Bauteile/Baugruppen
+ Der Lieferant oder vorgelagerte Arbeitssysteme/-plätze erhalten ein sichtbares Signal, z.B. leere Umlaufbehälter zum Auffüllen des Regals
+ Der Lieferant oder vorgelagert Arbeitssysteme/-plätze liefern entsprechende Ware nach

## Swimlane diagram

⇨ Process Mapping

## Symbole für Wertstromdiagramme

| Bezeichnung | Symbol |
|---|---|
| Ausschuss | ↓ |
| Bediener | ◯ |

# S

| | |
|---|---|
| Bestand | △ I <br> 3.150 Stk. <br> 2 Tage |
| Datenkasten <br> (data box) | 15.300 Stk. je Monat <br> Behälter = 15 Stk. <br> 2 Schichten |
| elektronischer Informationsfluss | ⚡→ |
| Entnahme | ↻ |
| Entnahme-Kanban | ▨ |
| FIFO <br> (first-in-first-out) | — FIFO → |
| KAIZEN-Blitz | ✸ |
| Kanban in Losgrößen | ◄— ▭▭▭ |

# S

| | |
|---|---|
| Kanban-Posten | |
| Kanban-Produktion | |
| Kanban Signal | |
| manueller Informationsfluss | |
| Nacharbeit | |
| Quelle (Lieferant) oder Senke (Kunde) | |
| Prozessschritt | Schweißen |
| Produktionsplan | OXOX |

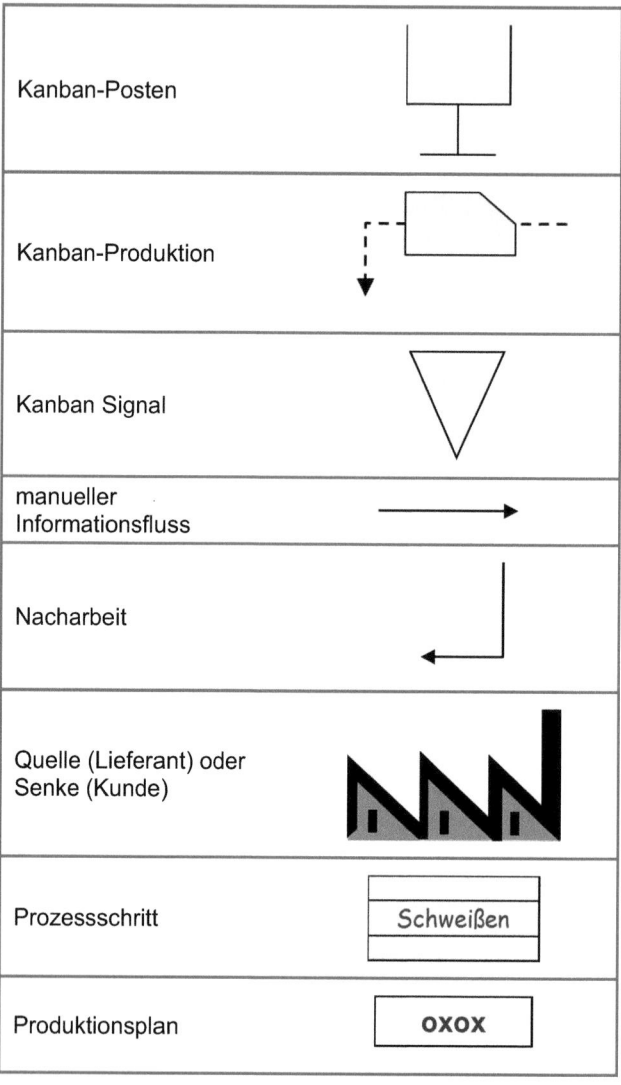

# S

| | |
|---|---|
| Puffer oder Sicherheits-bestand | |
| Pull-Pfeil | |
| Push-Pfeil | |
| Supermarkt | |
| Transport, der LKW steht synonym für Bahn, Schiff und Flugzeug | |

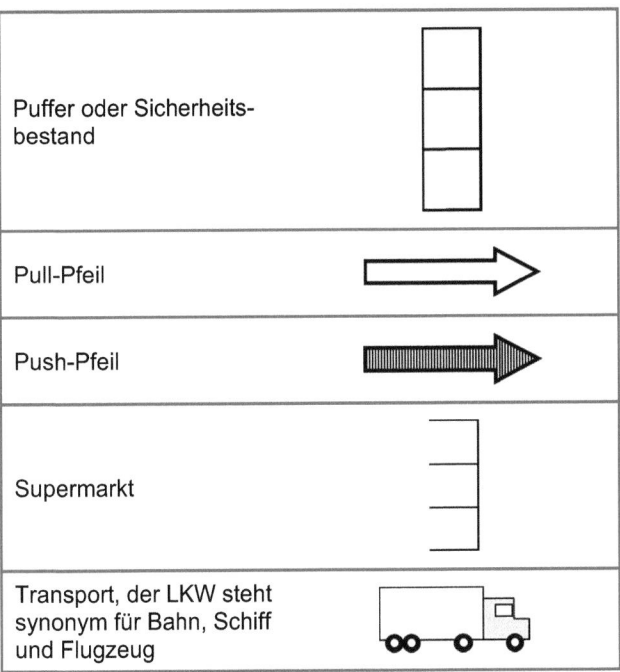

# T

## T

## Taguchi Methode

⇨ DoE

## Taktzeit

Die „Taktzeit" ist der Takt der Produktion, der sich auf den Kundenbedarf (⇨ Kundentakt) bezieht.

$$Taktzeit = \frac{verfügbare\ Produktionszeit}{Kundenbedarf}$$

Hierzu das folgende Beispiel:

| | | |
|---|---|---|
| Zeit pro Schicht: | 7,5 x 60 x 60 sec. = | 27.000 sec. |
| Pause: | 2 x 10 min. = | 1.200 sec. |
| Reinigung: | 5 min = | 300 sec. |
| Verfügbare Produktionszeit: | | 25.500 sec. |
| Kundenbedarf pro Tag (3 Schichten): | | 480 Teile |
| Kundenbedarf je Schicht | | 160 Teile |
| Taktzeit (25.500 sec. / 160 Teile): | | 159,37 sec./Teil |

Die Taktzeit liefert die Information darüber, ob die Produktion mit dem Kundenbedarf harmonisiert ist, ob die Überproduktion eliminiert ist und ob der einzelne Arbeitsschritt innerhalb der Arbeitszelle ausbalanciert ist.

## Total Productive Maintenance

⇨ TPM

## Total Quality Management

⇨ TQM

## Toyota Production System

⇨ TPS

## TPM

„TPM" steht für …
⇨ Total Productive Maintenance
   Total Perfect Manufacturing
   Total Productive Management
   Total Profit Management

Die grundsätzliche Idee von TPM ist es, die Maschinen- und Anlagenbediener in die Instandhaltung zu involvieren und durch eine proaktive (⇨ Corrective Maintenance) und vorbeugende Instandhaltung (⇨ Preventive Maintenance) eine verbesserte Produktion hinsichtlich geringerer Stillstände, Unterbrechungen und Ausschuss zu erreichen. Maschinen- und Anlagenbediener übernehmen Instandhaltungsmaßnahmen und Verantwortung für ihr Produktionsequipment (⇨ autonome Instandhaltung). Nur bei schwerwiegenden Fehlern und Problemen wird speziell ausgebildetes Instandhaltungspersonal hinzugezogen. Die Unterscheidung zwischen Produktion und Instandhaltung/Wartung verwischt, da das Produktionspersonal durch Schulung und Weiterbildung hinsichtlich Maschinen- und Anlagentechnik gestärkt wird.

TPM führt zu

+ Frühzeitige Erkennung von erforderlichen Instandhaltungsmaßnahmen durch Abweichungen

+ Reduzierung von Wartezeiten auf Instandhaltungspersonal

- Schnellere Beseitigung von Mängeln
- Höherer Verfügbarkeit der Maschinen und Anlagen
- Höherer Qualität
- Steigerung der ⇨ OEE durch eine verbesserte Anlagenverfügbarkeit (⇨ Verfügbarkeitsfaktor) und reduziertem Ausschuss (⇨ Qualitätsfaktor)

## TPS

Die Abkürzung „TPS" steht für „Toyota Production System" und ist Vorbild für viele Unternehmen heute. Im Kern wurde Lean Production durch Taiichi Ohno, damals Produktionsleiter, und Eiji Toyoda (Firmeninhaber 1967 – 1982) ab 1950 entwickelt.

## TQM

Die Abkürzung „TQM" steht für den englischen Begriff „Total Quality Management" und steht für eine ganzheitliches Qualitätsmanagement-System. Das TQM zielt darauf ab, dass Qualität von allen Mitarbeitern auf allen Unternehmensebenen und –bereichen angestrebt wird. Dies kann nur realisiert werden, wenn alle Mitarbeiter bei der Gestaltung und Prüfung von Prozessen darauf achten, dass durch einen Prozesses ein qualitativ hochwertiges Produkt oder eine Dienstleistung erstellt wird. Der Prozess der kontinuierlichen Verbesserung (⇨ Kaizen) ist ein zentraler Bestandteil von TQM.

## Turtle Diagram

Das Turtle Diagram (Schildkröten-Diagramm) wird für die Darstellung von Geschäftsprozessen eingesetzt.
Das Diagramm ist wie folgt aufgebaut:

- Kopf der Schildkröte
  Was sind die Prozesseingaben (Inputs)?
  Anforderungen einer Interessensgruppe als Input in den betreffenden Unternehmensprozess

- Rumpf der Schildkröte
  Um welchen Prozess handelt es sich?

- Schwanz der Schildkröte
  Was sind die Prozessergebnisse (Outputs)?
  Ergebnis des Prozesses, das für die jeweilige Interessensgruppen generiert werden soll

- Beine der Schildkröte - Einflussfaktoren des Prozesses

  - Wer ist an dem Prozess beteiligt und welche Fähigkeiten sind notwendig?

  - Mit was wird der Prozess bewerkstelligt (Equipment, Betriebsmittel, ...)?

  - Mit welchen Indikatoren wird der Prozess erfasst (z.B. Prozesskennzahlen, KPI, etc.)?

  - Wie wird der Prozess gesteuert (Prozessvorgaben und -standards)?

# T

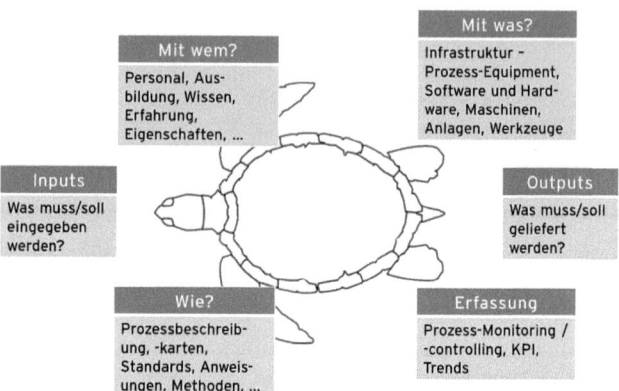

**Abbildung 21: Turtle Diagram**

# U

## U-Layout

⇨ One-Piece-Flow
⇨ Chaku-Chaku-Prinzip

## U-Linie

⇨ One-Piece-Flow
⇨ Chaku-Chaku-Prinzip

## U-Shape

⇨ One-Piece-Flow
⇨ Chaku-Chaku-Prinzip

# V

## Value Stream Design
⇨ Wertstromdesign

## Value Stream Mapping
⇨ Wertstromanalyse

## Value Stream Analysis
⇨ Wertstromanalyse

## Verfügbarkeitsfaktor

Der „Verfügbarkeitsfaktor" ist neben dem Qualitäts- und Leistungsfaktor eine erforderliche Größe zur Berechnung der Kennzahl ⇨ OEE (Overall Equipment Effectiveness). Der Verfügbarkeitsfaktor berechnet sich wie folgt:

$$Verfügbarkeitsfaktor = \frac{Arbeitszeit - Stillstände}{Arbeitszeit}$$

Der Verfügbarkeitsfaktor erfasst die Stillstände, die durch Störungen, Wartungs- und Rüstarbeiten sowie durch Wartezeiten aufgrund von mangelndem An- und Abtransport von Material entstehen und berechnet sich daher aus dem Verhältnis von tatsächlicher Produktionszeit (= Arbeitszeit - Stillstände) zu Arbeitszeit (= möglicher Produktionszeit) in einem betrachteten Zeitraum und Produktionssystem.

## Verschwendung
⇨ Muda

# V

## Verschwendungsarten

Die „sieben Arten der Verschwendung" wurden erstmals für die Produktion definiert, jedoch sollte natürlich auch jegliche Art von Verschwendung in administrativen Bereichen erkannt und vermieden werden.

Verschwendungsarten in der Produktion:
1. Überproduktion
2. Hohe Bestände
3. Wartezeiten
4. Ungeplante Stillstände
5. Ausschuss/Nacharbeit
6. Unnötige Bewegungen
7. Unnötige Transporte

Verschwendungsarten in administrativen Bereichen:
1. Informationsüberfluss
2. Unnötiger Informationstransport
3. Unnütze Wege
4. Warte- und Liegezeiten
5. Zu aufwändiger Prozess
6. Bestände
7. Fehler

Als 8te Verschwendungsart lässt sich die

8. Verschwendung geistiger Kreativität

definieren.

## Vorbeugende Instandhaltung

⇨ Preventive Maintenance

# W

## Wertschöpfung

Unter „Wertschöpfung" versteht man alle Tätigkeiten und Aktionen in einem Unternehmen, die den Wert eines Produktes oder einer Dienstleistung aus Sicht des Kunden erhöhen. Wertschöpfend sind Produkte und Dienstleistungen, für die der Kunde bereit ist zu bezahlen. Wertschöpfende Prozesse werden durch ⇨ Verschwendung wie z.B. Ausschuss und Transporte gemindert.

## Wertstromanalyse

Die „Wertstromanalyse" dient zur Visualisierung von wertschöpfenden und nicht-wertschöpfenden Prozessen im Herstellungsprozess. Hierzu werden alle Material- und Informationsflüsse, ausgehend vom Kunden (Endprodukt) bis zum Lieferant (Rohmaterial) erfasst und grafisch dargestellt. Die Wertstromanalyse wird zur Bestimmung/Erfassung/Aufnahme des IST-Zustands (eng. „current state map) verwendet. Die wichtigste Aussage nach Abschluss der Wertstromanalyse ist die erforderliche Zeit für die Erbringung der Wertschöpfung und die Durchlaufzeit (siehe Zeitstrahl unterhalb des Wertstromdiagramms).
Für die Erstellung des Wertstromdiagramms werden definierte Symbole eingesetzt. Diese ⇨ Symbole erleichtern die innerbetriebliche Kommunikation, wie z.B. eine technische Zeichnung, hinsichtlich Verbesserungsvorschläge, Zielsetzungen und der Wirkung bestehender Zustände.

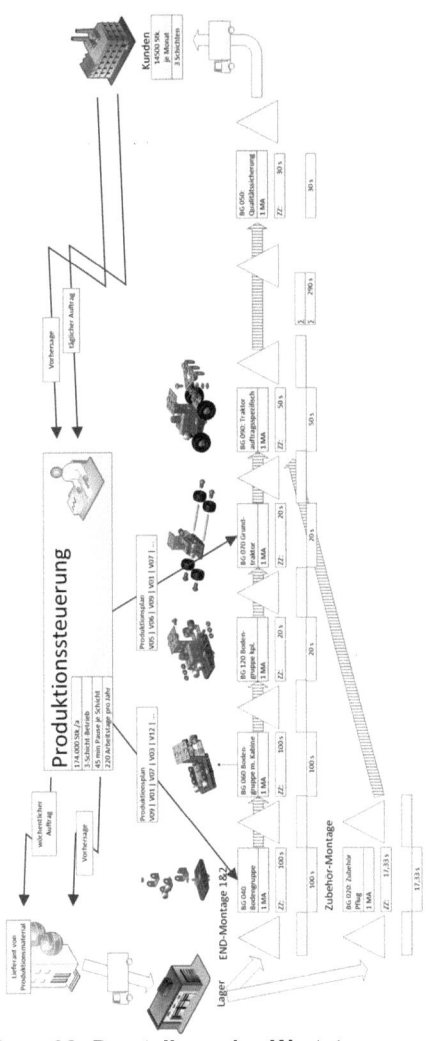

**Abbildung 22: Darstellung des Wertstroms nach der Wertstromanalyse (IST-Zustand (current state map))**

# W

## Wertstromdesign

Das „Wertstromdesign" folgt der Wertstromanalyse und ist ein Ergebnis der Zielsetzung, der Verbesserungsvorschläge und des Reengineerings des Herstellungsprozesses nach Lean Gesichtspunkten wie ⇨ Kanban, ⇨ Supermarkt, ⇨ U-Layout, ⇨ One-Piece-Flow, ⇨ FIFO uvm.

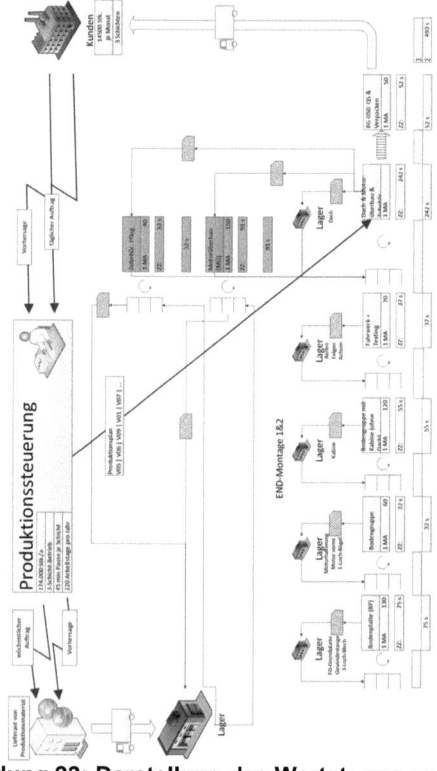

**Abbildung 23: Darstellung des Wertstroms nach der Überarbeitung nach Lean Gesichtspunkten (Soll-Zustand (future state map))**

## WIP

„WIP" steht für den englischen Begriff „Work in Process" und bedeutet „Umlaufbestand (Ware in Arbeit)".

## Work in Process

⇨ WIP

# Y

## Yamazumi Chart

Mit dem Werkzeug „Yamazumi" können Zykluszeiten im Detail untersucht werden. Es stellt ein wichtiges Werkzeug für die Zeitanalyse und Effektivitätssteigerung dar. Dieses Instrument wird parallel mit der Arbeitszeitverteilung für die Linienaustaktung genutzt. (⇨ Operation balance).

Die Zykluszeit wird in wertschöpfende, wertermöglichende (Stützleistung) und nicht-wertschöpfende Anteile aufgeteilt und grafisch dargestellt. Die erforderlichen Daten werden direkt vor Ort (⇨ Gemba) am realen Prozess (⇨ Genbutsu) erfasst und sind die Grundlage für die Optimierung des Arbeitsplatzes/-systems sowie der Austaktung.

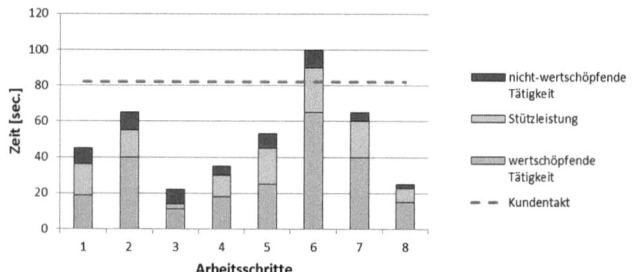

**Abbildung 24: Yamazumi Chart**

## Yokoten

Der japanische Begriff „Yokoten" steht für horizontale Wissensverbreitung im Unternehmen durch Übertragen von guten Ergebnissen und Erfahrungen aus einem Bereich auf einen anderen Bereich (von anderen lernen oder kopieren). Daher kann Yokoten auch auf das Kopieren von Konstruktions- und Gestaltungsregeln, Geschäftsprozessen, besserer Einrichtprozesse an Maschinen etc. angewandt werden.

Yokoten bedarf einer „go see" Kultur (Mitteilung von Information hinsichtlich Erfolg (wie geht es wirklich besser) und Misserfolg (wie sollte man es nicht machen) zwischen Abteilungen) – best practice sharing.

Durch einen 8-stufigen Problemlösungsprozess werden Yokoten erarbeitet:
1. Problemdarstellung
2. Problemanalyse
3. Zielsetzung
4. Ursachenanalyse
5. Definition von Gegen- oder Abstellmaßnahmen
6. Gegen- oder Abstellmaßnahmen durchführen
7. Ergebnis- und Prozessprüfung
8. Standardisierung der Erfolge, aus Fehlern lernen!

Innerhalb eines PDCA-Zyklus findet die Erstellung eines Yokoten am Ende (A-Phase) statt (siehe Punkt 8).
Nach der Lean Philosophie ist es nicht ausreichend, mit einem Workshop (⇨ PDCA, ⇨ Jishuken, ⇨ Kaizen, ...) ein Ergebnis zu erarbeiten und zu standardisieren. Vielmehr kommt es darauf an, das Wissen in der Organisation zu teilen, auf andere Bereiche zu übertragen, anzupassen und weiter zu verbessern.
Führungskräfte müssen hierbei Mitarbeiter auf ihre Ergebnisse hinweisen, um diese für sich selbst zu nutzen und zu verbessern. Führungskräfte ermutigen Mitarbeiter, Yokoten zu erstellen und die horizontale Wissensverbreitung zu beschleunigen.

# Z

## ZDF

Die Abkürzung „ZDF" steht für Zahlen – Daten – Fakten.

## Zykluszeit

Die „Zykluszeit" lässt sich aus ⇨ Kundentakt (Kundenbedarf), Taktzeit und anderen Verlusten (⇨ Qualitätsverluste, ⇨ Leistungsverluste und ⇨ Verfügbarkeitsverluste) ableiten. Alle Verluste werden üblicherweise in der Kennzahl ⇨ OEE (⇨ Overall Equipment Effectiveness) zusammengefasst.

Hierzu ein Beispiel:
Beträgt die Kennzahl ⇨ OEE = 80 %, bedeutet dies, dass im Durchschnitt mit 20 % Verlusten zu rechnen ist. Wurde nun die ⇨ Taktzeit zu 160 sec./Teil berechnet, muss nun die ⇨ Taktzeit mit der ⇨ OEE-Kennzahl multipliziert werden:

$$Zykluszeit = \frac{verfügbare\ Produktionszeit}{Kundenbedarf} \cdot OEE$$

$$Zykluszeit = Taktzeit \cdot OEE$$

## 5

### 5M

Die „5M" stehen für die folgenden Begriffe und finden Anwendung im ⇨ Ishikawa Diagramm und bei einer FMEA (Fehler-Möglichkeiten und Einfluss-Analyse oder Failure Mode and Effect Analysis):

- **m**en (**M**ensch)
- **m**eans (**M**aschine/Werkzeug/Mittel)
- **m**aterial/matter (**M**aterial)
- **m**ethod (**M**ethode)
- **m**ilieu (**M**itwelt (Umwelt))

### 5S/5A

„5S/5A" findet Anwendung im Rahmen des ⇨ Lean Managements und steht für ⇨ SEIRI (Aussortieren), ⇨ SEITON (Aufräumen), ⇨ SEISO (Arbeitsplatz säubern), ⇨ SEIKETSU (Anordnungen zur Regel machen) und ⇨ SHITSUKE (Alle Punkte einhalten und ständig verbessern). Ziele der 5S/5A sind die Verbesserung der Arbeitsumgebung (Sauberkeit und vorbeugende Instandhaltung), Reduzierung/Vermeidung von Verlusten durch Suchen, Steigerung der Produktivität sowie die Einführung klarer Verhaltensregeln.

# 5

**Abbildung 25: 5S/5A-Zyklus/-Vorgehensweise**

## 5W

Bei der Problemlösung ist es absolut notwendig, die grundsätzliche Ursache für das Problem zu identifizieren. Häufig wird nicht die eigentliche Ursache identifiziert, wenn man nur einmal nach dem Warum fragt. Daher die „5x-Warum-Fragetechnik". Es wird solange nach dem Warum gefragt, bis es keine Antwort mehr auf die Frage gibt.

# 5

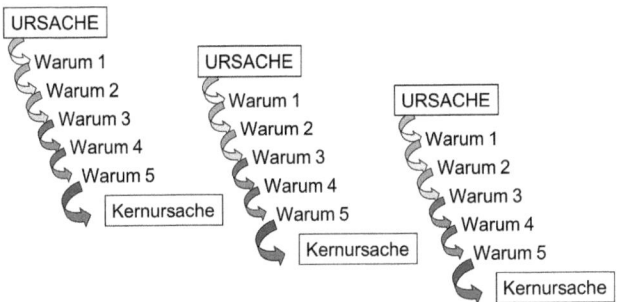

**Abbildung 26: 5W-Methode: von einer möglichen Ursache zur Kernursache**

Ein Beispiel dazu:

| Frage | Antwort |
|---|---|
| ✤ Warum lässt sich der Anhang nicht öffnen? | ✤ Weil die Zugangsberechtigung fehlt! |
| ✤ Warum fehlt die Zugriffsberechtigung? | ✤ Weil es bei der Usereinrichtung vergessen wurde? |
| ✤ Warum wurde es bei der Usereinrichtung vergessen? | ✤ Weil es keine Berechtigungsanleitung gibt. |
| ✤ Warum gibt es keine Berechtigungsanleitung? | ✤ Weil es hierfür keinen Standard gibt |
| ✤ Warum gibt es hierfür keinen Standard? | ✤ Weil sich niemand darum gekümmert hat. |

## 5W1H

Die „5W1H-Methode" wird für die Problemlösung eingesetzt. Sie basiert im Wesentlichen auf der Reporter-Frage-Technik:

1. What? Was ist passiert?
2. When? Wann ist etwas passiert?
3. Who? Wer war beteiligt?

| | | |
|---|---|---|
| 4. | Where? | Wo ist etwas passiert? |
| 5. | Why? | Warum ist etwas passiert? |
| 6. | How? | Wie ist es passiert? |

Die 5W1H-Methode hilft eine Problem/einen Fehler systematisch zu beschreiben, wie das folgende Beispiel zeigt:

"Herrn Meier (Wer) ist am Montag (Wann) eine Behälter mit Material 4711 (Was) aufgrund zu hoher Geschwindigkeit (Warum) bei Fahrt um die Kurve (Wie) vor der Laderampe (Wo) vom Stapler gefallen. Der LKW konnte nicht fristgerecht beladen werden."

# 6

## 6S

⇨ 5S/5A

## 6σ

⇨ Six Sigma

# 7

## 7

## 7 Verschwendungsarten

⇨ Verschwendungsarten

# 8

## 8 Verschwendungsarten

⇨ Verschwendungsarten

## 8D

„8D" steht für „8 Disziplinen" – eine methodische und strukturierte Vorgehensweise für die Bearbeitung von Reklamationen und Kundenbeschwerden. Die 8D-Methode wird dann angewendet, wenn Probleme oder Fehler in einem Prozess passieren, deren Ursache nicht bekannt ist. Die Schritte eines 8D-Berichts können wie folgt definiert werden:

1. Teambildung für die Problemlösung
2. Problembeschreibung
3. Sofortmaßnahmen festlegen
4. Fehlerursache(n) feststellen, z.B. mit Hilfe eines Ursache-Wirkungsdiagramms (⇨ Ishikawa Diagramm oder auch Fischgrätendiagramm oder Fishbone-Diagram genannt)
5. Abstellungsmaßnahmen planen
6. Abstellungsmaßnahmen umsetzen
7. Fehlerwiederholung vermeiden
8. Abschluss des Prozesses und Würdigung des Teams

# 8

| Lieferant | | | |
|---|---|---|---|
| *Anschrift* | | | |
| **8 D – REPORT** | | | |
| Beanstandung | | Beanstand.-Nr. | Eröffnet am: |
| Berichtsdatum | Teilebezeichnung:<br><br>Zeichnungsnummer/Index: | | |
| 1 Team<br><br>Teamleitung | 2 Problembeschreibung<br><br>Fehlercharakter | | |
| 3 Sofortmaßnahme(n) | | %-Wirkung | Einführungsdatum |
| 4 Fehlerursache(n) | | %-Beteiligung | |
| 5 Geplante Abstellmaßnahme(n) | | Wirksamkeitsprüfung | |
| 6 Eingeführte Abstellmaßnahme(n) | | Ergebnis-kontrolle | Einsatztermin |
| 7 Fehlerwiederholung verhindern<br>Implementation in: ☐ Product FMEA ☐ Process FMEA ☐ Control Plan ☐ Pro-cedure | | Verant-wortlich | Einführungstermin |
| 8 Teamerfolg gewürdigt | | Abschluss-datum | Ersteller<br>Tel., Fax-Nr. |

**Abbildung 27: 8D-Report**

## 80/20-Regel

⇨ Pareto-Prinzip

# Anhang

# Abbildungsverzeichnis

Abbildung 1: Durchlaufzeit..................................................19
Abbildung 3: Datensammlung für FTA / Fehlerbaumanalyse
..........................................................................................23
Abbildung 2: Fehlerbaumanalyse (FTA) mit angegebenen
Auftretenswahrscheinlichkeiten..................................24
Abbildung 4: Ishikawa Diagramm........................................31
Abbildung 5: Beispiel für ein Ishikawa Diagramm..............31
Abbildung 6: OEE (overall equipment effectiveness).........54
Abbildung 7: U-Zelle / U-Linie.............................................55
Abbildung 8: Unterschiedliche Ausprägungen /
Gestaltungsmöglichkeiten von U-Zellen / U-Linien....56
Abbildung 9: One Point Lesson (OPL)................................57
Abbildung 10: Operation Balance: 1. Schritt: IST-Aufnahme
..........................................................................................58
Abbildung 11: Operation Balance: 2. Schritt: Arbeitsinhalte
nivellieren......................................................................59
Abbildung 12: Operation Balance: 3. Schritt: Arbeitsschritte
am Kundentakt ausrichten und nivellieren.................60
Abbildung 13: Pareto-Diagramm.........................................62
Abbildung 14: Darstellung des Plan-Do-Check-Act-Zykluses
(PDCA-Zyklus)..............................................................63
Abbildung 15: Beispiel für ein Process Mapping mit Hilfe
eines swimlane diagram...............................................69
Abbildung 16: Sankey-Diagramm........................................75
Abbildung 17: Darstellung des Standardize-Do-Check-Act-
Zyklus (SDCA-Zyklus).................................................76
Abbildung 18: Beispiel für ein Shadowboard für
Zeichenhilfsmittel in einem Unterrichtsraum..............78
Abbildung 19: SIPOC (Supplier-Input-Output-Customer)
Darstellung....................................................................81

Abbildung 20: Ablauf einer Rüst-Optimierung ................... 83
Abbildung 21: Turtle Diagram ........................................... 94
Abbildung 22: Darstellung des Wertstroms nach der Wertstromanalyse (IST-Zustand (current state map)) ................................................................................ 99
Abbildung 23: Darstellung des Wertstroms nach der Überarbeitung nach Lean Gesichtspunkten (Soll-Zustand (future state map)) ..................................... 100
Abbildung 24: Yamazumi Chart ...................................... 102
Abbildung 25: 5S/5A-Zyklus/-Vorgehensweise ............... 106
Abbildung 26: 5W-Methode: von einer möglichen Ursache zur Kernursache ...................................................... 107
Abbildung 27: 8D-Report ................................................. 112

# Der Autor

Dr. Norbert Herbig ist seit 2011 geschäftsführender Gesellschafter der PPV Consulting GmbH. Seine Tätigkeitsbereiche sind die Produkt- und Prozessoptimierung. Nach dem Motto „We plan & produce value! erarbeitet Dr. Herbig strukturiert und methodenbasierend gemeinsam mit dem Kunden Verbesserungsansätze und Optimierungspotenziale. Seit 1996 konnte Herr Dr. Herbig berufliche Erfahrung als Projektingenieur und in leitenden Positionen in den Branchen chemischer Anlagenbau, Baunebengewerbe und Automobilzulieferindustrie sammeln. Er studierte von 1988 bis 1993 an der Universität Erlangen-Nürnberg Fertigungstechnik und promovierte 1998 an der Technischen Universität Wien. Berufsgeleitend absolvierte er ein Aufbaustudium des Wirtschaftsingenieurwesens an der Fern-Universität Hagen.

**Der Impuls**
Lean Management hat sich in vielen Bereichen und in vielen Unternehmen etabliert und wird als selbstverständlich betrachtet. Vielen Unternehmens, vor allem kleinen und mittelständischen Unternehmen, ist aber die Lean Philosophie immer noch fremd und eine Einführung dieser Arbeits- und Denkweise besteht noch bevor, um Wettbewerbs- und Konkurrenzfähigkeit aufrecht zu erhalten. Da dicke Bücher lesen nicht jedermanns Sache ist und häufig nur schnell vor Ort im Büro oder in der Produktion ein Begriff nachgelesen werden muss, entstand die Idee, ein Nachschlagewerk zu erstellen.

Für einige Themen gibt es sowohl Begriffe aus dem japanischen, aus dem englischen und aus dem deutschen Sprachraum. Dies trägt leider nicht immer zum leichten Verständnis bei. So weit vorhanden, wurden diese Begriffe aufgenommen, aber nur an einer Stelle definiert und erläutert, daher **lean dictionary**!

**Das Buch**
Das vorliegende Buch definiert und erläutert Begriffe aus der Welt des Lean Management (Lean Production und Lean Administration) und Problemlösungsmethoden. Als Nachschlagewerk kann es ein nützlicher Begleiter für alle sein, die sich in ihrem beruflichen Umfeld häufig mit der Lean Philosophie auseinandersetzen.